YPF: EL DEFAULT EMOCIONAL ARGENTINO

José Benegas

Índice

Si una nación espera ser ignorante y libre en un estado de
civilización, espera lo que nunca fue y nunca será.

Thomas Jefferson

CONFISCACIÓN

El 16 de abril de 2012, el Estado argentino se apoderó de la entones empresa privada YPF S.A. mediante el decreto 530 de ese año, por el cual se dispuso su *intervención* por treinta días con el supuesto objeto de "asegurar la continuidad de la empresa, la preservación de sus activos y de su patrimonio, el abastecimiento de combustibles, y garantizar la cobertura de las necesidades del país".

Dos días más tarde se extendió la medida a Repsol YPF Gas S.A. A cargo de la intervención fue puesto el ministro de Planificación Federal Julio de Vido, que asumió las potestades del directorio. Posteriormente, en un proceso meteórico, el Congreso ratificó aquellos actos y expropió el 51% del paquete accionario correspondiente a la española Repsol por la ley 26 741 promulgada el 4 de mayo de 2012.

En los años anteriores, YPF había sido el modelo empresario favorito del kirchnerismo en una modalidad bautizada *argentinización*. Este apelativo se utilizó para señalar el ingreso de empresarios locales a las compañías privatizadas como una maniobra oficial para conseguir, sin resistencia apreciable de la oposición, mayor control político sobre ellas. Para adecuarse a esa política impuesta por el entonces presidente Néstor Kirchner, Repsol, la empresa española dueña de la mayoría accionaria, se había adelantado a contratar para el gerenciamiento de YPF al Grupo Petersen, que tenía llegada al presidente, lo que le permitió hacer un *toma y daca* de inversiones, y cierta libertad para disponer de los dividendos. Estos dividendos, dicho sea de paso, le pertenecían, pero de acuerdo con el tipo de análisis que se hacía de manera unánime en la política y en los medios, eran fondos que "se fugaban" y "vaciaban" a la compañía. Por lo tanto, esta fue la *argentinización* que cayó mal.

Mucho se ha cuestionado este convenio aduciendo que incluía un pase de acciones hacia un grupo empresario que tenía vínculos con Kirchner desde que ocurrió la privatización del Banco de Santa Cruz. Pero se culpa a las empresas y se deja de lado lo esencial, que es el contexto de arbitrariedad económica en el que se desenvolvía YPF desde el 2002 y la poco cuestionada agresividad del Gobierno del momento con el sector privado. Por lo tanto, se estableció una pelea con las consecuencias y no con las causas. Pero, si miramos la cuestión teniendo en cuenta que a quienes tienen capital hundido **no les queda más alternativa** que actuar en el terreno de reglas que se les imponen, el arreglo entre Repsol y Petersen era mutuamente conveniente para las partes: le permitía a YPF seguir operando de acuerdo con sus intereses bajo esas reglas de juego.

No puede cuestionarse a las partes de ese negocio por circunstancias que no habían creado mientras se adaptaban a ellas. No había actividad política alguna cuestionando la intervención en los mercados que se prolongaba desde la crisis del 2002. El intercambio con el Gobierno consistía en aceptar un compromiso de inversión que no habría sido necesario si no hubiese sido porque la política del momento no garantizaba las condiciones para que ocurriera naturalmente. Incluso se interpretó de una manera bastante laxa que las comunicaciones internas de Repsol señalaran que la incorporación de Sebastián Eskenazi (Grupo Petersen) como presidente de YPF S.A. se fundara en su *expertise* en tratar con "mercados regulados". Era justamente con lo que tenía que lidiar YPF. Pero si se siguen las opiniones del periodismo, en las que más adelante me detendré, esto cuestionaba al mercado regulado y no al regulador.

En cambio, si vemos el convenio de acuerdo con esa realidad económica y con el derecho de las empresas a actuar conforme a los intereses de sus accionistas, Repsol preservaba su capital negándose a dilapidarlo por completo en una producción regulada y con menor rendimiento como la argentina, para llevarlo en parte hacia otros mercados que, por no estar intervenidos, ofrecían mayores posibilidades, a la vez que se liberaba de la hostilidad del Gobierno. Por su parte, el Gobierno, en su concepción nacionalista e imperial, conseguía tener mayor injerencia en la mayor empresa petrolera del país, y el Grupo Petersen ingresaba a manejar un negocio gigantesco en el que ya había intentado entrar sin suerte.

Algo que en la Argentina cuesta entender —y que en los países normalmente forma parte del sentido común— es que los grupos privados operan para el mayor beneficio de sus intereses legítimos. Es importante aceptarlo porque un país que quiere atraer inversiones tiene que abrirse a lo que le interesa a quien tiene el capital. Esta relación con sus intereses continúa incluso cuando los mercados se regulan y, si lo que se ve son consecuencias no deseables (como puede ser la determinación de no invertir, invertir menos o buscar la forma de lograr un entendimiento con el Gobierno), eso es responsabilidad de la regulación, y esta es consecuencia de un proceso político, el cual a su vez es la consecuencia de unas ideas que prevalecen en la sociedad.

Sin embargo, cuando se analiza esta circunstancia de la *argentinización* respecto a YPF y a Repsol retirando dividendos, se lo hace como si YPF hubiera sido una empresa estatal que esas dos firmas se estaban repartiendo. Esto solo es posible porque el análisis racional está sesgado por algún tipo de emocionalidad que al poder le interesa *fogonear*. Esa emocionalidad es en este caso el nacionalismo. Era España y su empresa Repsol actuando contra el interés nacional. Como esa emocionalidad no puede exportarse, en la propia España la transacción en cuestión se vio de un modo muy diferente. El diario *El País* (2007) la describía sin el apasionamiento conspirativo argentino, de la siguiente manera:

La alianza de Repsol con la familia Eskenazi, en lo que se trata de la operación empresarial privada más importante realizada en Argentina durante los últimos años, responde a un intento del grupo petrolero de contar con un socio local en la empresa sin perder su presencia en el país. (…) "La alianza con este grupo solvente, con conocimiento del país, y la colocación en el mercado permite que se nos deje de mirar con recelo", resume una fuente de Repsol. (…)

Para Repsol, se trata de una operación clave para iniciar el Plan Estratégico 2008-2012, y en la que quiere mantener su presencia en Argentina, al permanecer como accionista de control de YPF. Repsol, además de lograr la *argentinización* del grupo y que dejen de atizarla con adjetivos y actitudes poco amigables en aquel país, logra unos ingresos interesantes. (Noceda, 2007)

YPF se estatiza cuando el plan ya no cumple las expectativas del gobierno y como una forma de responsabilizar al sector privado por el resultado. Lo curioso es que, para llevarlo a cabo, la presidente Cristina Kirchner utiliza los argumentos que la diputada Elisa Carrió y otros opositores —que también se habían opuesto a la privatización desde 1993— habían utilizado para manifestarse contra la operación entre Repsol y Petersen. Al gobierno kirchnerista le bastó hacer suyas aquellas razones y llevar a cabo la expropiación, dejando a esa oposición totalmente confundida, como se verá.

Este hito "argentinizador" es excusa para todos en momentos diferentes, lo cual impide a la oposición ver en la intervención y expropiación un acto de despojo y contrario a expresas disposiciones constitucionales; del mismo modo en que repartir dividendos lo interpretan como hacer harapos con la nacionalidad. Así se creó un clima. Fue tal el consenso que se generó sobre todo lo maléfico que estaba ocurriendo en YPF que, cuando fue tomada, nadie reparó en la inexistencia de prerrogativas de la presidente para hacerse de una empresa privada por un acto de fuerza, como es la ejecución de un decreto de intervención.

El decreto invocaba las facultades del artículo 99, inciso tercero de la Constitución Nacional y los artículos 2, 19 y 20 de la Ley N° 26 122. El inciso tercero del artículo 99 de la Constitución Nacional dice que la presidente tiene la atribución de participar "de la formación de las leyes con arreglo a la Constitución, las promulga y hace publicar. El Poder Ejecutivo no podrá en ningún caso bajo pena de nulidad absoluta e insanable, emitir disposiciones de carácter legislativo. Solamente cuando circunstancias excepcionales hicieran imposible seguir los trámites ordinarios previstos por esta Constitución para la sanción de las leyes, y no se trate de normas que regulen materia penal, tributaria, electoral o de régimen de los partidos políticos, podrá dictar decretos por razones de necesidad y urgencia, los que serán decididos en acuerdo general de ministros que deberán refrendarlos, conjuntamente con el jefe de gabinete de ministros".

La ley 26 122 establece los requisitos para los decretos de necesidad y urgencia. En los artículos citados de esa ley se fija el procedimiento de ratificación de tales medidas por la comisión correspondiente del Congreso, pero no otorga facultad alguna al poder ejecutivo. Asimismo, el artículo 17 de la Constitución establece que "la propiedad es inviolable, y ningún habitante de la Nación puede ser privado de ella, sino en virtud de sentencia fundada en ley. La expropiación por causa de utilidad pública debe ser calificada por ley y previamente indemnizada. (…) La confiscación de bienes queda borrada para siempre del Código Penal argentino. Ningún cuerpo armado puede hacer requisiciones, ni exigir auxilios de ninguna especie".

No hay ahí resquicio de duda acerca de la ilegalidad de la intervención, que es en realidad un acto de confiscación porque no hay ni declaración de utilidad pública, ni indemnización previa, ni sentencia. Tampoco tiene importancia alguna que Repsol fuera una empresa de origen español, porque en el artículo 20 la Constitución es explícita en cuanto a que "los extranjeros gozan en el territorio de la Nación de todos los derechos civiles del ciudadano; pueden ejercer su industria, comercio y profesión; poseer bienes raíces, comprarlos y enajenarlos; navegar los ríos y costas; ejercer libremente su culto; testar y casarse conforme a las leyes".

Respecto de la posibilidad de dictar decretos de necesidad y urgencia, la regla general es que el Poder Ejecutivo no puede emitir disposiciones de carácter legislativo: para eso está el Congreso. Esto no tenía excepciones hasta la reforma del año 1994, que agregó el texto que sigue a esa prohibición y que la desnaturaliza, haciendo parecer que una norma prohibitiva es, en realidad, permisiva. Pero, aun así, dejando de lado la crítica a la redacción constitucional, en este caso se está avanzando sobre derechos de propiedad cuya inviolabilidad está garantizada por los artículos 14 y 17 de la Constitución Nacional.

A esto habría que agregar las acciones llevadas a cabo por el Gobierno Nacional y varios provinciales afines contra YPF en las semanas previas, creando el clima de "emergencia de los intereses nacionales" que terminaría con el atropello de la intervención. El gobierno de Cristina Kirchner y sus aliados provinciales venían realizando una serie de actos concatenados para perjudicar a la empresa y al patrimonio que, según su decreto, se pretendía preservar. En marzo, Santa Cruz, Chubut, Río Negro, Mendoza y Neuquén le habían quitado las concesiones de sus áreas petroleras con argucias sobre la caída de producción que no era un problema de YPF sino de todo el sector causado por los precios regulados. Se trataba en realidad de un acoso coordinado para poner en dificultades a YPF y preparar el terreno para saltar sobre ella.

El clima conspirativo que se armó contra el supuesto *vaciamiento* de YPF, tratándola como una empresa estatal despojada, más la hostilidad provincial, sirvieron para que nadie reparara en el problema de la legalidad. El avance era cubierto por "la justicia de la causa" según un relato convenientemente elaborado. En un ambiente justiciero de esa naturaleza, los requisitos constitucionales para proceder a una expropiación, las limitaciones al Poder Ejectuivo para dictar actos legislativos, la inexistencia de base legal para una *intervención* o la prohibición de las confiscaciones parecían tonterías por las que solo se interesarían los abogados para entorpecer un acto de justicia. Incluso Mauricio Macri, que luego sucedería a Cristina Kirchner en la presidencia y que en ese entonces era Jefe de Gobierno de la Ciudad de Buenos Aries, se opuso tibiamente a la medida, pero nada más que por considerarla como inadecuada a los efectos de incrementar la producción.

La legalidad tampoco fue objeto central de análisis en los diarios. No se destacó el antecedente bestial que significaba intervenir empresas privadas por medio de un decreto ni hubo investigaciones de abuso de autoridad. Apenas se hicieron comentarios económicos sobre la conveniencia o inconveniencia de la decisión para el país como entelequia.

Tampoco llamó la atención que el decreto de intervención se hiciera para "asegurar la continuidad de la empresa, la preservación de sus activos y de su patrimonio, el abastecimiento de combustibles y garantizar la cobertura de las necesidades del país". No había indicio de "falta de continuidad" por parte de la empresa, y es muy curioso que el patrimonio y activos de la firma se pudieran preservar quitándoselos a sus dueños. Resulta aún menos compatible con ese objetivo el pretender usar ese patrimonio y activos para cubrir las necesidades del país con un manejo político, porque eso es precisamente esquilmarlos.

El decreto está escrito de manera tal que pareciera como si YPF le perteneciera al Estado y se la estuviera salvando de un usurpador, pero es el Estado quien ejerció esa usurpación. Antes YPF había sido comprada mediante el pago de un precio; esa era la realidad. Es fundamental diferenciar actos objetivos reprochables de afrentas a la emocionalidad arbitraria que propaga la política. No se debe caer en el error de identificar nacionalismo con interés del país: una cosa es el interés nacional según una perspectiva ideológica y vitalista de la entelequia llamada nación, y otra muy diferente es una idea general política de que es lo que contribuye a mejorar las condiciones de vida y progreso de la población. Lo que se conoce en filosofía política como "bien común". Esto último no tiene nada que ver con una épica vacía y agresora del capital, que no le conviene a nadie. Al país le interesa que la actividad económica se multiplique y desarrolle. Se debe lograr el acceso de capitales del mundo para las áreas que lo requieren con mayor intensidad. La forma bajo la cual tal cosa se consigue es la del estado de derecho. Los negocios necesitan de planes, acuerdos y contratos, y estos deben cumplirse, aunque en algún momento en el corto plazo no parezca lo más conveniente, porque eso genera confianza para correr riesgos en el futuro. La ideología estatista parece más un capricho de considerar a la Nación víctima de cualquier interés que no esté supeditado a ella. El capital de riesgo recibe la señal de huir porque sus intereses no serán considerados ni se cumplirán los contratos o las reglas al momento de ser expropiado, con daño incalculable a las oportunidades de los ciudadanos.

En Argentina cuesta mucho que se entienda esa diferencia en materia petrolera en particular. Ya desde su origen en 1922, YPF, creada por el presidente Hipólito Yrigoyen, fue ideada como una forma aparentemente simple de generar recursos para otorgar beneficios sociales, sin advertir las dificultades para administrar un negocio con criterios burocráticos y políticos. La visión inicial ayudó a generar una emocionalidad alrededor de una producción, de un negocio, que abarca a sus dos grandes partidos: el radical que la fundó y el peronista que la hizo una causa propia. Se trata de una forma de favorecer al país en el que prevalece la razón de Estado frente al sector privado, de manera que se condena a alejar al capital. Es un círculo vicioso que termina con cacerías de brujas que empeoran las cosas. Se genera un ambiente en el que no importa la violación de derechos que sufren "otros" sobre los cuales se han cargado todo tipo de males con el fin de contar con la complicidad del público.

Pero lo que se quebranta no es solamente los derechos de los directamente perjudicados sino el derecho en sí. Se permite que el Estado adopte como norma el capricho abanderado e insuflado y eso opera doblemente contra el conjunto de la población: en primer lugar, de manera directa al habilitarse procedimientos que un día podrían usarse para exigir servicios, impuestos especiales, normas que regulen la vida de los ciudadanos en función de cualquier cosa que el Estado, convertido en entidad superior a las personas, quiera para sí mismo. La violación de la propiedad de unos pone en peligro la propiedad de todos. El ambiente del no respeto de la propiedad ahuyenta la inversión y el ahorro, que hacen que no solo nos beneficiemos de nuestro patrimonio directo, sino del de los demás. La actividad de nuestros proveedores está garantizada por sus derechos de propiedad, lo que hace que actúen para resolver nuestros problemas y necesidades utilizando sus bienes por su propio interés, sin necesidad de acudir a su generosidad. Si tenemos un trabajo remunerado, eso es porque hay otras personas que usan sus ahorros para abrir una empresa buscando su utilidad. El nivel de los sueldos tiene que ver con el capital instalado, y el desarrollo de la economía que nos rodea aumenta nuestro nivel de vida más allá de nuestro ingreso particular. Es decir, el bienestar del que gozamos se relaciona de manera directa con el derecho, del cual la economía es una consecuencia.

Por eso el atajo del "interés nacional" es un arma de doble filo, a disposición del impulso oportunista que proviene de la política. No hay nada en el petróleo que lo haga diferente y apartado de ese proceso. Al contrario, siendo YPF una empresa tan importante, lo que se le haga desde el Estado repercute en la seguridad jurídica general mucho más.

Mencioné la palabra utilidad, que para la corriente emocional omnipresente es casi pecaminosa. Pero resulta que es el motor de todo el sistema. Como señalaba el gran organizador de la ciencia económica Adam Smith en 1776:

> No es por la benevolencia del carnicero, el cervecero o el panadero por lo que esperamos nuestra cena, sino por su respeto a su propio interés. No nos dirigimos a su humanidad sino a su amor propio, y nunca les hablamos de nuestras propias

> necesidades, sino de sus
> ventajas. (pág. 46)

Casi doscientos cincuenta años han pasado desde que el mundo que avanza descubrió estos principios que se vieron reflejados en el constitucionalismo clásico y que, por más que no se terminan de cumplir nunca del todo, en pocos lugares se los ignora como en la Argentina, donde mucha gente que sale de sus universidades se pregunta si es tan importante analizar la legalidad de la captura de YPF o si no será mejor ir directamente a los números de producción. Mientras en Argentina esa estatización era reivindicación emocional, en el mundo el país volvía a dar la impresión de ser un caso perdido. Un artículo dedicado al tema por el *Financial Times* sirve para ilustrar el daño que se le hace a la prosperidad de los argentinos en nombre del "interés nacional", según una anteojera de tal tipo. Se titula "YPF: pobre Repsol, pobre Argentina":

> El país puede despedirse de ser tratado seriamente de nuevo por los inversores de otra generación. Los lectores pueden decidir por sí mismos si Argentina está dirigida por una populista aparentemente decidida a que su pueblo no participe en una edad de oro económica para América Latina. Lo que es seguro es que la

renacionalización de YPF por parte del gobierno de la presidenta Cristina Fernández garantizará que no solo los precios de las acciones de YPF y del 57% de Repsol se desplomen.

Argentina simplemente no puede pagar los 25 000 millones de dólares al año necesarios para desarrollar las nuevas áreas que contienen hasta 22 000 millones de barriles de petróleo y gas *shale*. ¿Qué compañía petrolera aportará ahora su experiencia?

Ya es vergonzoso que la largamente sufriente pero energéticamente rica Argentina tenga que gastar el 7% de su presupuesto anual en importaciones de energía. Sin embargo, está mal que la Sra. Fernández culpe a Repsol. El año pasado YPF representó una cuarta parte de los ingresos de explotación de la compañía española, pero un tercio de su inversión total. Por lo tanto, frente a ello, la caída del 20% del precio de las acciones de Repsol desde el inicio del año parece correcta. Pero caerá más el martes porque se esperaba que YPF duplicara su producción en la próxima década. Repsol puede despedirse. Y Argentina puede despedirse de ser tratada seriamente de nuevo por los inversionistas de otra generación más (Financial Times).

No sería mucho el problema si se redujera a que de vez en cuando aparecen gobiernos populistas que reemplazan al derecho por mera voluntad política. Lo que hay, más de fondo, es una continuidad en el recurso a los mismos argumentos para saltear la racionalidad por completo y servir a los propósitos del poder de turno. Cuando estas oleadas nacionalistas se llevan puesto todo, la paradoja es que los valores esgrimidos son compartidos por oficialismo y oposición, por eso vale la pena detenerse en lo que se dijo desde ambos lados. Así es que lo único que tuvo que hacer el kichnerismo cuando se cansó de la *argentinización* fue recurrir a argumentaciones que eran una letanía de opositores como Pino Solanas, Elisa Carrió o María Eugenia Estenssoro, haciéndolas propias. Como veremos más adelante, también el gobierno de Mauricio Macri repitió el mismo manual al defenderse de los reclamos de los accionistas minoritarios aún cuando se opuso en un principio a la confiscación.

YPF es el perfecto ejemplo de cómo la Argentina se daña a sí misma como un proyecto común: nada que le llegue de afuera tiene la culpa, ya sea producto de poderes ocultos o de mera impericia; es más bien un entusiasmo general que no deja regla en pie. Lo peor de todo es que lo hace bajo una apariencia de justicia, pero se trata de una vocación de injusticia de la que los argentinos no son conscientes. Sin derechos de propiedad, sin apego a los contratos, no hay justicia alguna. Pero, más allá del cinismo de los gobernantes, la opinión pública acompaña las explicaciones simplistas e interesadas que se les dan de que la bandera argentina está por encima de toda norma.

En aquel mes abril de 2012, Axel Kicillof, en ese momento viceministro de Economía y viceinterventor de YPF (pero su verdadero ideólogo) concurrió al Congreso para dar apoyo al proyecto de expropiación y expuso durante dos horas y media anunciado que no se pagaría la indemnización que reclamaba Repsol. La frase textual fue:

> No les vamos a pagar lo que ellos dicen, sino el costo real de la empresa. Dicen que son 10 000 millones de dólares. ¿Y eso dónde está? Los tarados son los que piensan que el Estado tiene que ser estúpido y comprar todo

según el estatuto de YPF.
(Kicillof, 2012)

Por supuesto que el Estado no compró YPF, sino que la confiscó y expropió, y el precio del 51% de la compañía debía surgir de un procedimiento previo de expropiación que siguiera a la declaración de utilidad pública, pero la nueva estrella del kirchnerismo creía que no habría pago, que se lo podría saltear.

Pero ¿por qué lo hacía? Era una forma de defenderse de la acusación de esa oposición nacionalista respecto de que todo se trataba de una mascarada para favorecer a Repsol. Es decir, el Gobierno concurría con un proyecto de expropiación y el Congreso, en lugar de controlar el cumplimiento de los requisitos constitucionales, veía mal la indemnización. Repsol había invertido entre 1999 y 2011 una cifra de 20 000 millones de dólares, según cifras avaladas por la consultora Deloitte (Expansión, 2012).

EL MITO DEL VACIAMIENTO

Axel Kicillof, el viceministro de economía que ejecutó la expropiación de las acciones de Repsol, dijo en el Congreso que esta firma había consumado algo que "sin darle el calibre legal, he llamado *vaciamiento*" (Télam, 2012). Es interesantísima esta aclaración sobre lo legal, porque fuera de lo legal no hay concepto posible de vaciamiento; no lo es el hecho de bajar niveles de inversión, algo que en YPF ya se había hecho durante la crisis rusa cuando todavía Repsol no la había comprado y era aún una empresa mixta. Pero había que criminalizarlo, así que es un vocablo utilizado con una intencionalidad política. El reproche se parece a una situación en la que alguien se lleva su propio automóvil y luego es acusado de haberlo robado, "aunque no en términos legales". ¡Ni en términos legales ni en ningunos otros!

El ministro lo sabía. Los que estaban más confundidos eran en realidad los de la oposición del momento, que habían creado el particular concepto. El vaciamiento es una figura de estafa por la cual una empresa en una situación cercana a la cesación de pagos se vuelve insolvente adrede, saca bienes del patrimonio de sociedad para resguardarlos de los reclamos de los acreedores y de esa manera los defrauda. Son las figuras del Libro II, Título VI, Capítulo V, del Código Penal, sobre "Quebrados y otros hechos punibles". Se encuentra dentro de los delitos contra la propiedad, no como crimen contra los fines colectivos de la sociedad, ni contra una aspiración de la política económica ni nada parecido. Kicillof, al menos, dejó a salvo el calibre legal porque YPF no estaba en cesación de pagos y lo que él llamaba "maniobras" estaba dentro del ejercicio normal del derecho de propiedad y del ámbito de la libre decisión empresaria. Además, encuadraba en los parámetros de una administración diligente de bienes ajenos, dadas las circunstancias económicas de las cuales Kicillof era uno de sus responsables.

En tanto YPF intentaba no incurrir en malos negocios, decidía —según su criterio— reducir el ritmo de inversión, así como en otro momento optaba por lo contrario: por ejemplo, el día que pagó por sus tenencias accionarias al Estado. Y no lo hacía por acontecimientos de la naturaleza, sino por el marco político-regulatorio que ofrecían los expropiadores. Esta es una de las más palpables muestras de la confusión que se presenta en el análisis de los negocios y las empresas con una *anteojera emocional*, no jurídica, asignándoles objetivos colectivos que no se compadecen con su carácter privado. Objetivos que, por otra parte, al país no los benefician en nada y que dudosamente se pueden entender fuera de esa particular ideología según la cual la sociedad es tributaria de unos intereses superiores a ella misma que se definen en términos identitarios, siempre contra la propiedad y los derechos individuales; lo cual, a su vez, los hace inalcanzables en los hechos.

El basamento de esa *anteojera* es muy discutible incluso si observamos la historia de la propia YPF y su período de éxito posterior a la privatización. El nacionalismo al que se aferra esta visión que altera lo legal hasta desnaturalizarlo completamente es una intención forzada y, además, destinada al fracaso. La aclaración de Kicillof ilustra perfectamente que es esa visión y no el derecho, no la realidad de los negocios, no algún crimen que se haya cometido, ni el interés de que la economía se dinamice, lo que está detrás la condena a los socios de YPF como "vaciadores". No se tomó en cuenta el interés y los derechos del empresario, que es lo que debían proteger los miembros del directorio de YPF, sino el "interés nacional" a partir de la particular aspiración de quienes mandaban. Los que participan de este tipo de razias llegan al poder e interpretan que lo que ellos quieren que hagan los demás es la patria en sí misma; ocurre en el plano político y también en el económico. En definitiva, de lo que se trata es de imponer un criterio, muy discutible, por encima del de la empresa. Como consecuencia de ello se daña es a la economía en sí, hecha de empresas y no de epopeyas.

Desde el punto de partida, el Estado parece representar a la Nación, y la empresa al lucro privado que la ofende y la entrega. El tratamiento que recibieron los socios de YPF fue similar al que dispensan los gobiernos que se ven contrariados cuando sus políticas de control de precios derivan en desabastecimiento y se enojan con quienes toman decisiones racionales a partir de esas condiciones reduciendo la oferta. Se lo explican todo en base a la mala intención de los productores y comerciantes respecto del país, un circuito que Antonio Escohotado ha llamado en Twitter del voluntarismo como germen del autoritarismo. El espíritu autoritario quiere forzar las cosas según su voluntad y las estropea, entonces se enfurece con víctimas propiciatorias que, en realidad, suelen ser las primeras perjudicadas de sus acciones.

LA NUBE DE ELISA CARRIÓ

Otros protagonistas del momento ni siquiera dejaron a salvo el aspecto legal como Kicillof y se entusiasmaron con la visión más conspirativa. Es el caso de la entonces diputada opositora Elisa Carrió. Ella fue mucho más allá que los propios expropiadores y, en la Comisión de Asuntos Constitucionales de la Cámara, que trataba la expropiación, emitió un dictamen en el que consideraba a todos los directivos de la empresa, desde su privatización, más todos los funcionarios del Gobierno nacional, incursos en los delitos de "administración fraudulenta, fraude en el ejercicio de la administración pública, violación de los deberes de funcionario público y asociación ilícita, crímenes contra el orden económico y financiero, evasión fiscal, lavado de activos y encubrimiento, por haber generado el 'vaciamiento' de la empresa YPF S.A., producido mediante la descapitalización y conductas 'predatorias' en perjuicio de las reservas de gas y petróleo, así como la 'manipulación' del valor de las acciones". Ni siquiera hacía la distinción entre funcionarios y no funcionarios respecto de delitos que solo pueden cometerse en ejercicio de la función pública. Tal vez por temor a quedarse corta, recurrió incluso al artículo 29 de la Constitución, que dispone el castigo correspondiente a los traidores a la patria para los legisladores que otorguen la suma del poder al Ejecutivo o "sumisiones o supremacías por las que la vida, el honor o las fortunas de los argentinos queden a merced de gobiernos o persona alguna", para incluir en la denuncia al expresidente Menem, a su ministro de economía Domingo Cavallo y a todos los legisladores que votaron la privatización, así como "a todas las autoridades que por omisión no hayan llevado adelante la investigación de los delitos denunciados por diversos damnificados" (Carrió, 2012).

No puede haber mejor ejemplo de hasta dónde puede llegar la *anteojera emocional* en cuanto al desconocimiento del derecho y en la inspiración de actos autoritarios del Estado sobre la base del lenguaje insuflado. En primer lugar, el artículo 29 protege la vida, la fortuna y el honor de los argentinos, no a la nación o a los intereses nacionales entendidos del modo nacionalista; no está para proteger al *estado empresario*, está para limitar al Estado. Su espíritu es exactamente el opuesto al que le asignó Carrió. Sería más ajustado a su intención haberlo aplicado a los firmantes de un dictamen por el que se intentaba criminalizar a los accionistas de una empresa arbitrariamente expropiada, en ese momento confiscada porque ni siquiera se habían seguido los requerimientos del artículo 17 de la Constitución Nacional. Todo con el único sustento de interpretar la privatización como un crimen; y la pretensión de recibir una indemnización como otro, porque se había condenado el reparto de dividendos como otro crimen más. Es decir: básicamente, interpretando la Constitución al revés. Lo que se estableció en ese momento en el Congreso fue una competencia para buscar *responsabilidad empresarial*, dejando de lado el interés económico del país de tener inversiones y crecer, que requiere un ambiente opuesto al que todo el sistema político estaba creando.

En la misma ocasión en la que Kicillof dejó a salvo el aspecto legal al hablar de vaciamiento, también mencionó que la toma de facto de la empresa le había permitido acceder a información interna y comprobar lo que hasta ese momento habían sido "hipótesis acerca de qué estaban haciendo". Es decir que llevaron a cabo una confiscación como castigo en base a la sospecha de que la empresa no estaba cumpliendo los objetivos que el ministro de economía entendía que eran buenos para el país, sin datos que lo corroboraran, pero a Carrió esto se le escapaba por completo y el *vaciamiento* lo estaban cometiendo los directivos que intentaban proteger ese patrimonio de las condiciones de control de mercado impuestas por el Estado. Lo de Kicillof era la admisión de que había actuado a ciegas; después, nada más le quedaba confirmar sus prejuicios encontrando los cabos útiles para la alimentar la teoría conspirativa. Esa pasión que vemos usada para juzgar los acontecimientos tenía el único fin de excitar a la población y transmitir la sensación de que había una gran confabulación en su contra, de esas que explican el fracaso argentino, y que la expropiación era un acto de justicia. Aunque nunca lleguen a comprender, ni la gente ni los autores de estos afiebrados párrafos, de qué estaban hablando. Solo saben que luchaban contra el mal y que ellos son los héroes de una gran contienda contra un fantasma, porque la situación del mercado energético no tenía nada que ver ni con la privatización, ni con Repsol o los directivos de YPF ni de ese momento ni de los anteriores, sino con condiciones creadas por la pesificación y las políticas de los gobiernos que sucedieron a ese evento.

YPF y sus accionistas fueron quienes las padecieron junto con los consumidores, no sus autores. Para la actual generación de españoles, en cambio, nunca se olvidará cómo una empresa de la península que había apostado por el país fue arrebatada de sus manos. Para el nacionalismo, este problema ni siquiera existe, pero opera contra el futuro de la Argentina. La diputada consideró en una parte de su discurso que "con la privatización de YPF, el Estado había perdido su instrumento clave para explotar racionalmente los yacimientos de hidrocarburos y captar su renta para el desarrollo de fuentes alternativas de energía". Es el mito de "las joyas de la abuela" en el que más adelante me detendré, según el cual la Argentina hiperinflacionaria de Alfonsín contaba con unas empresas estatales estratégicas que sostenían a su economía, cuando en realidad eran un lastre que consumía el presupuesto público y un reservorio de acomodados y de corrupción generalizada. La condena a los adquirentes de la empresa empieza por la condena a la privatización en sí. Es política ideológica; después se la reviste de asunto penal.

Tanto el oficialismo como la oposición trataron a la YPF privatizada durante el transcurso de estos acontecimientos como si fuera una empresa pública, de lo cual resulta que lo que se ve como una conspiración es consecuencia únicamente de esa ubicación previa frente a los acontecimientos, lo que llamo la *anteojera*. Nunca se tuvo en cuenta que, si YPF se hubiera comportado como una empresa pública, habría fracasado como venía fracasando hasta antes de ser privatizada. La diputada se quejó varias veces en el dictamen de que el Estado no controlara la producción real de la compañía. Para Carrió, más que para Cristina Kirchner incluso, todo el secreto del éxito se resume al control estatal.

Carrió también atribuye los problemas a la "concentración económica", pese a que con la YPF privada la oferta y producción estaba más diversificada que durante el monopolio estatal. Pero son palabras que suenan dulces para victimizar a la Nación por los fracasos del propio Estado. Pero ¿de qué serviría una concentración económica si no se pudieran ofrecer los productos al precio deseado? No se explica. Simplemente concentración es sinónimo de malignidad. Encima, vinculó esa supuesta concentración económica con la adquisición del 25% por parte del Grupo Petersen; es decir que ¡el desprendimiento de acciones por parte del accionista mayoritario implicaba un acto de concentración! En la insistencia de la teoría del vaciamiento, todos los que sostienen la posición anti-Repsol omiten explicar por qué no hubo denuncias de acreedores o socios de la compañía, y todas estas se reducen a la política o al periodismo. Se supone que esos debían ser los perjudicados.

Tampoco en ningún lugar a lo largo del informe de Carrió se explicaba cómo era que las decisiones empresariales perjudicaban al patrimonio de la firma. Es que el patrimonio *vaciado* —según esta concepción— empieza con la privatización, porque el Estado es el dueño "natural" del "recurso estratégico" y es despojado al permitirse su explotación privada. A partir de ahí, todo lo que suceda tiene que ser condenado, así como toda mala consecuencia de la gestión pública silenciada. Es por eso que Carrió denunció en su hipótesis de antipatriótico a todo lo que pasó desde la privatización en adelante, siendo de gran ayuda para el propósito de estatización. El derecho penal resulta así un instrumento de persecución ideológica como ocurre en los países totalitarios con los cuales Carrió probablemente resistiría identificarse. Es obvio que se puede tener una posición estatista y antiprivatización, pero eso debe ser defendido desde los argumentos y la competencia política. Lo de transformarlo todo en persecución, además de ser injusto, impone una agenda política y económica ciega que nadie puede discutir. Solo al pasar el dictamen menciona los mismos hechos que podrían echar por tierra todas sus hipótesis de conspiración, que es el manejo de los precios y las retenciones a las exportaciones. Pero esa situación está puesta ahí, como para que nadie diga que faltó el detalle, lo que no se hace es considerarla a fondo y que chocaría con el infundado mar de sospechas en el que se basó la confiscación de YPF. Lo central, en cambio, fue que Repsol había traicionado a la gloria nacional, tratando de no fundirse. Por el mismo motivo resulta desconcertante el modo en que Carrió utiliza la palabra "saqueo". No podemos saber a quiénes saquearon los directivos de YPF, pero el informe está dirigido a legitimar el saqueo del Estado contra un adquirente que había pagado alrededor de quince mil millones de dólares cuando compró el paquete accionario. Así como para Carrió hacerse con la suma del poder y poner el patrimonio y derechos de los argentinos en manos del Poder Ejecutivo es algo que ocurre con la privatización, la estatización no le parece que sea un saqueo. Por la misma confusión, sobre el ingreso del Grupo Petersen a YPF lo que a Carrió le resultó cuestionable fue que le sirviera para hacer uso de su derecho de propiedad y libertad empresaria al repartir dividendos.

La operación se explicaba como una maniobra para dejar a YPF hacer cosas que cualquier empresa en un país civilizado tiene derecho, porque imagina un modelo de mayor control aún. Hasta la estatización era una maniobra para favorecer a Repsol: "Tal como en la década del 90, lo que se pretende presentar como una nacionalizacion de la empresa no es más que otra accion de Kirchner para satisfacer las necesidades de Repsol, omitiendo de manera gravosa, la falta de inversión y el saqueo de las reservas" (Carrió, 2012). Entonces cita el párrafo en el que el diario *El País* explica la racionalidad del retiro de inversiones de la Argentina, pero ella lo interpreta como prueba de malas intenciones. Decía *El País*:

> Para Repsol, se trata de una
> operación clave para iniciar el
> Plan Estratégico 2008-2012, y en
> la que quiere mantener su
> presencia en Argentina, al
> permanecer como accionista de
> control de YPF, Repsol, además
> de lograr la *argentinización* del
> grupo y que dejen de atizarla con
> adjetivos y actitudes poco
> amigables en aquel país, logra
> unos ingresos interesantes.
> (Noceda, 2007)

Claramente Repsol se corría del acoso del nacionalismo caprichoso y de todos sus adjetivos, los mismos que aportaba Carrió. ¿En qué cambia la transferencia de acciones a las reservas y su saqueo? No se explica. El problema más grande del dictamen de Carrió era que se salteaba por completo el pronunciamiento que la Constitución pide a gritos acerca de cómo el procedimiento, los motivos y objetivos respetan el derecho de propiedad. No es un dictamen de control constitucional, sino de control de la libertad empresaria y de demonización del afán lucrativo. YPF era la empresa petrolera más importante del país, cotizaba en la bolsa de New York, de manera que lo que se le hacía a YPF en materia de respeto a sus derechos repercutía: informaba al mundo acerca del comportamiento del sistema político en el que invertía.

La misión de Carrió era gigante, pero se agotó en una ceguera ideológica que hizo que ni se acercara al tipo de examen que debió hacer. Es el Estado el que es controlado en un proceso de expropiación, no el particular. La expropiación no es un castigo; si lo fuera, eso correspondería al Poder Judicial y la confiscación está excluida de nuestro derecho. La expropiación busca llevar adelante un objetivo de utilidad pública, que debe ser claro y fácil de advertir para todos, no puede examinar culpas del expropiado.

Otro de los cuestionamientos del dictamen, citando un informe del ex subsecretario de energía de Alfonsín Gustavo Callejas, era que los representantes del Estado hubieran omitido pedir explicaciones a YPF sobre lo que llama "indexación de precios de los combustibles en base a precios internacionales" en violación a la Ley de Convertibilidad que prohibía la indexación después de establecer una paridad uno a uno entre el dólar y el peso. La ley de convertibilidad no estaba vigente en lo esencial para esta situación: esto es la paridad entre el peso y el dólar. La adecuación a precios internacionales tiene que ver con mantener esa relación que era parte de las condiciones contractuales de la privatización, vigentes al entrar Repsol; pero más importante es que el capital para producir petróleo es internacional, y si los precios son más favorables en Libia, la alternativa a reconocer los precios internacionales es ver retirarse los capitales hacia Libia, lo que torpemente se identifica como vaciamiento. Lo que la opinión citada de Callejas y el propio dictamen de Carrió pretenden es que la empresa con capitales privados siga objetivos políticos ruinosos en lo económico, consumiendo el capital en la operación.

Tres años después de aquella estatización, Gustavo Callejas seguía quejándose de que continuaba el vaciamiento y repudiaba que se incorporaran empresas extranjeras a la explotación petrolera:

> Después de tres años de la estatización de YPF, se puede decir que todo lo que se ha hablado de soberanía y de autoabastecimiento ha sido un gran cuento… La estatización fue un hecho financiero ejecutado por un gobierno que, en declaraciones de la presidenta Cristina Kirchner, sigue haciendo lobby de la empresa mixta, es decir que no quiere una empresa estatal plena. (Redacción EES, 2015)

Esto quiere decir que el inspirador intelectual de la posición de Carrió consideraba que lo único válido, honesto y la panacea era volver a la empresa estatal plena que con Alfonsín llegó al paroxismo del fracaso, desconociendo el avance logrado en su período privado —solo por volver al sueño de Hipólito Yrigoyen—, y considerando delincuentes, ni si quiera gente con posiciones alternativas a las suyas, a quienes sostuvieran cualquier "contaminación" de la vaca sagrada con la despreciable ambición privada. Todo debe ser ambición política y por eso nadie, nunca, bajo ninguna circunstancia podría ser otra cosa que demonizado fuera del estatismo más absoluto de Carrió y Callejas.

El capital que debiera usarse para volver a construir su elefante blanco sería el de los bolsillos sobrecargados del contribuyente argentino. Sin embargo, Callejas también critica el impuesto que se cobra a usuarios de gas y electricidad para llevar adelante obras de infraestructura, que es la contrapartida al control del precio. Lo asombroso es que todo aporte privado se ve como sospechoso y antipatria, pero los impuestos para solventar la inversión también. Y, a pesar de que ese sueño no se cumple nunca, se mantiene la fe ciega en el control y la desconfianza a los incentivos. Se supone que hay un control ideal que nunca llega a los resultados queridos por malas intenciones de los controladores y que eso vuelve a probar la necesidad y utilidad de los controles. No se puede alegar que hay una "falta de control" en un supermercado porque la leche no se vende a mitad de su precio. Es una forma artera de presentar al ejercicio del derecho de propiedad y la libertad de comercio como si fueran delitos de lesa patria con una tipología abierta, una forma de castigar que el derecho penal moderno repudia. Menos se puede alegar falta de control si los precios son determinados políticamente. Lo que Carrió y Callejas cuestionan al Estado en realidad es no haber sido más arbitrario e intrusivo en la empresa; mismo pecado de Menem por privatizar y desregular, y en eso consiste el meollo para la denuncia de su violación de funciones siempre en contra de la empresa privada. Es así que lo único que emitió la Comisión de Asuntos Constitucionales que tenía que revisar un proceso expropiatorio en defensa del derecho de propiedad, según lo establece el artículo 17 de la Constitución, fue una condena a la privatización.

En uno de los párrafos, Carrió llegó a imputar a los Kirchner por no haber tomado medidas después de que Repsol fuera sancionada en Bolivia por un asunto específico ocurrido en ese país. Como el gobierno boliviano la había sancionado, la diputada suponía que Argentina también lo debía hacer. Y es abogada, y dice que no es chavista, pero mostraba una animosidad contra la empresa privada en sí misma que hace difícil distinguirla de los parámetros del régimen venezolano. Interpretó el dictamen a la *argentinización* como una "puesta en escena para ocultar una gran estafa", según esta peculiar hipótesis delictiva: "Los accionistas de YPF distribuyeron casi USD 5000 millones en ganancias, endeudaron a la empresa en USD 2300 millones, mientras las reservas y la producción cayeron en un pozo sin fondo" (Estenssoro, Lanacion.com, 2012).

Se usan los términos del derecho penal con una liviandad pasmosa teniendo en cuenta que esa rama del ordenamiento jurídico lleva adelante castigos como la privación de la libertad. A la insuflada emocionalidad, el uso de la amenaza penal le resulta la forma más natural de pelearse con los que mancillan su idea del honor nacional. De ese uso casi metafórico de los tipos penales después se genera un estado de opinión pública y publicada que coloca a los jueces ante la violencia de tener que contradecir las pretensiones de venganza pública sin fundamento y ser tildados de cómplices o de hacer la vista gorda a los principios del debido proceso y jugar con la libertad de los involucrados, cosa que es rutina en la realidad argentina.

Para alejarnos de ese subterfugio es necesario aclarar que la estafa, según el artículo 172 del Código Penal es aquello en lo que incurre "el que defraudare a otro con nombre supuesto, calidad simulada, falsos títulos, influencia mentida, abuso de confianza o aparentando bienes, crédito, comisión, empresa o negociación o valiéndose de cualquier otro ardid o engaño".

En lo que describió Carrió, sin embargo, lo que hay es una política empresaria de financiarse con deuda y repartir dividendos. Para que haya estafa tiene que haber un estafado. ¿Quién es la víctima en la acusación de Carrió? Pues sus propios planes de lo que supone con poco fundamento económico que sería lo que YPF debería haber hecho para beneficiar al país con su dinero. La estafa es un delito contra la propiedad, pero Carrió lo invocó contra el derecho de propiedad.

Lo asombroso es que algunas de sus afirmaciones no hayan merecido un cuestionamiento ni dentro de la comisión, ni en el recinto de sesiones, ni tampoco en la prensa. Es que "defender a la empresa" es algo condenable en sí mismo para la emocionalidad conspirativa. Por ejemplo, en este párrafo tan absurdo:

> Para resumir el estado de situación podemos afirmar sin temor a equivocarnos que si el Estado Argentino en la actualidad le adquiriese a los Eskenazi su participación accionaria en Repsol, esta operación sería un negocio perfecto para su grupo, que ingresó a la explotación de hidrocarburos sin poner dinero; que en lugar de reinvertir las utilidades para una mejor producción la usó para pagar la deuda que contrajo para adquirir acciones. Como se puede apreciar, ganancia absoluta y una muestra cabal de capitalismo de amigos que enriquece a grupos vinculados con el poder en desmedro de las arcas públicas y los recursos naturales, sin que el estado ejerza el rol de contralor

que le es conferido en la normativa vigente. (Carrió, 2012)

Cuesta decidir por dónde empezar. Si el Estado no le pagaba a los Eskenazi (cosa que justamente evitaba hacer con la expropiación del 51% de las acciones, de lo que deriva el reclamo de Burford en New York) se lo tenía que pagar a Repsol, no quedarse con ese valor. No había forma en que la invalidez de aquel acuerdo le ahorrara un peso de indemnizaciones al Estado. Además de haber avalado la maniobra de la expropiación del 51%, de la que resultarían otras indemnizaciones más caras, de las cuales el erario público debía hacerse cargo, Carrió ignoró el simple hecho —que a un abogado no puede pasársele por alto— de que Repsol no le cedió a Peterson nada que fuera del Estado. No hay desmedro alguno de las arcas públicas; razón de más por la que sí debiera haber conservado algún temor a equivocarse.

Todo parece reducirse a un razonamiento caprichoso según el cual como la indemnización sería un muy buen negocio para el grupo de Eskenazi habría que omitirla; el Estado tiene que impedir los buenos negocios. Y una indemnización nunca es un buen negocio, se trata de una compensación, pone al beneficiario en la situación en la que estaba antes de haber sufrido el daño, de otro modo deja de ser una indemnización. A continuación, el dictamen agrega lo que podría ser la desmentida perfecta a la gratuidad de aquella transferencia, pero leída en términos conspirativos: "Como dijimos, Repsol consintió el acuerdo porque incrementaba sideralmente su patrimonio, a costa de la notoria descapitalización de YPF. De hecho, según consta en sus balances, en el período 2003 y 2007 repartió el 97% de las utilidades de la empresa al amparo de la inacción y complicidad del Gobierno argentino… Tanto es así que a pesar de la contención de precios impuesta por el Gobierno de Cristina Kirchner y a los altos niveles de importación, YPF ha tenido en estos años ganancias anuales cercanas al 20% de sus activos y superando el 40% sobre el patrimonio neto. En igual período contrajo deudas por aproximadamente USD 4.000 mil millones, situación avalada por el mencionado representante del Gobierno en el directorio. Desde 2008, las deudas crecieron más que los activos, configurándose (así) el vaciamiento. No puede soslayarse además que YPF paga dividendos superiores a su utilidad neta".

La despreocupación por conectar los hechos a la realidad es tal que este argumento de lo que ocurrió entre 2003 y 2007, algo perfectamente legal y controlado por la bolsa de valores argentina y de New York, es usado para *demostrar* que la transferencia del 25% de las acciones a favor del Grupo Petersen, ocurrida en 2008, era para seguir la misma política que ya se estaba realizando, para afirmar párrafos después que este *vaciamiento* ocurre después del 2008. La descapitalización, repito, no es un vaciamiento. No había proceso concursal alguno ni cesación de pagos, ni se liquidaban bienes; se decidía una política a futuro de menor inversión. Pero la caída en la inversión no fue solo de YPF sino de toda la economía, sobre todo los sectores con precios internacionales. Fue consecuencia de políticas como las que avaló Carrió. Simplemente se minimiza el contexto de precios administrados y se criminaliza la no inversión a niveles de una libertad de mercado que bajo ningún concepto se quiere restablecer. El resto es considerar sospechoso el endeudamiento, aunque nunca se dilucide dónde está el daño de ese tipo de *vaciamiento*, mucho menos a quién, y se cuestiona el reparto de dividendos de una empresa que se describe como más que próspera.

Las contradicciones son burdas. En realidad, el motor de estas pasiones es nada más que la antipatía a la empresa privada, el resto es hacer una colección de afirmaciones que en la cabeza de una persona desinformada o que no entienda cómo se realizan los negocios suene a deshonesta. Más adelante sugiere que el Estado debió estatizar el 25% del grupo Petersen para pasar a manejar a la empresa en virtud del contrato que líneas arriba había considerado inválido y, por supuesto, desconociendo las reglas estatutarias respecto de la adquisición hostil y la toma de control por el estado: "Si en definitiva comprarla no significa una erogación que comprometía el erario público, si tanto les interesaba la crisis energética, si ya se sabía de la baja de producción y la desinversión ¿por qué no se estatizó el 25% de la compañía para que el Estado pasara a manejar la empresa, como finalmente lo hizo el Grupo Ekenazi, vinculado desde los aciagos días de la década del 90 a todas las administraciones kirchneristas?".

A la vez que el informe divide lo que pasó entre el 2003 y el 2008 para decir sucesivamente que el *vaciamiento* ocurrió antes u ocurrió después y que se debe a maniobras de Repsol y Eskenazi para elevar el valor de las acciones con el magnífico negocio de desinvertir, después cuela alegremente esta afirmación poniendo las responsabilidades en la política general:

> No se explica ahora al supuesto 'enojo' del Gobierno que, invocando la pérdida de autoabastecimiento energético del país, dice pretender 'correr' a los Eskenazi y a los españoles de Repsol de YPF. Es verdad que en los últimos tiempos se desplomaron las reservas y la producción de gas y petróleo de YPF, pero es de destacar que en los casi nueve años que lleva este gobierno en el poder —en las sucesivas presidencias de Néstor Kirchner y Cristina Fernández de Kirchner— las reservas de gas cayeron un 55% y las de petróleo un 15%, cuando en el mundo y la

región hubo una importante
expansión. (Carrió, 2012)

El dictamen que ilustra perfectamente la opinión
de una parte importante de la dirigencia política y de la
prensa puede encontrarse en la página oficial de la
diputada Carrió, donde se exhibe como si fuera una pieza
digna de orgullo, aunque falla fundamentalmente en
cuanto al cometido que tiene una Comisión de Asuntos
Constitucionales. El problema es que esta farragosa
concatenación de datos no es leída ni analizada jamás por
nadie, así sirve como elemento fetiche, para poder creer
que en algún lado existe un fundamento para las
posiciones políticas que se toman.

En otra parte Carrió menciona que en el año 2008
las provincias donde YPF tenía sus yacimientos se
reunieron en Madrid con el señor Antonio Brufau,
presidente de Repsol a efectos de ofrecer la adquisición del
10% de la compañía:

> En enero de 2008, como lo
> hicieron recientemente, las
> provincias petroleras informaron
> su intención de comprar un 10%
> del paquete accionario a USD
> 2000 millones. **Chubut, Santa
> Cruz, Mendoza, Neuquén y
> Formosa, tras un encuentro
> con Brufau en Madrid,**

<u>**informaron que se acordó la posible compra del 10% del paquete accionario a igual precio que el pagado por Eskenazi (aproximadamente USD 2000 millones), pero sin financiación, situación que nunca se efectivizó. Adviértase que los estados provinciales, poder concedente de las reservas, se encontraban en una posición desfavorable en relación a las condiciones de contratación obtenidas por ESKENAZI**</u>[1].

Veamos… ¿No había sido gratuita la adquisición de acciones por el Grupo Petersen? Dejando eso de lado, Carrió no parece haber encontrado una razón por la cual dar crédito a un grupo de estados provinciales fuera financiera y económicamente diferente a prestarle a una empresa privada mediante un convenio bajo otra jurisdicción. Podría haberse preguntado también por qué esas provincias no podían conseguir en el mercado las mismas condiciones que Eskenazi y comprar al contado como pedía Brufau. Como abogada, es asombroso que creyera que merecerían un tratamiento comercial más benevolente porque algo hubiera en el hecho de ser

---

[1] Se respeta subrayado, negritas y mayúsculas del original.

concedentes de las áreas petroleras que les diera un particular acceso a comprar acciones de la compañía concedente. Apenas mencionó, pero sin que le mereciera apreciación moral alguna o asociación de estas maniobras con la idea de extorsión que sí se encuentra bien tipificada en el Código Penal, el hecho de que a partir del verano del año 2012 y como preparación al asalto de YPF, esas concedentes hubieran realizado acciones para hostilizar a YPF y hasta hubiesen revocado concesiones que después extendieron, una vez que el Estado nacional se apoderó de la compañía.

En efecto, el 24 de marzo Mendoza le revocó a YPF la concesión de Ceferino en Rivadavia y Cerro Molar 3 en Malargüe. El 26 de marzo le canceló una concesión en Tartagal Oeste. El 27 de marzo el gobernador de Mendoza anunciaba la creación de una empresa provincial para explotar los yacimientos quitados a YPF. El 28 de marzo, a la salida de una reunión de las autoridades de la OFEPHI (Organización Federal de Estados Productores de Hidrocarburos) con el ministro De Vido, Río Negro le quitó una concesión que vencía en 2026. El 31 de marzo Neuquén le revocó un tercer contrato y el 5 de abril el de Ñirihuau. El 10 de marzo Chubut le canceló la concesión del yacimiento de Manantiales Behr, que representaba el 10% de la producción nacional. Mientras tanto las acciones de la compañía se derrumbaban, pero nadie asociaba esto con un vaciamiento.

En medio de esta acción coordinada para someter a YPF en su enfrentamiento con el Gobierno nacional, a la que después vendrían a "rescatar" con la estatización, la compañía anunciaba el hallazgo de petróleo convencional y de esquisto en Mendoza, pero para el secretario Cameron eso no era más que una maniobra mediática según dijo a los medios en ese momento.

Todos estos hechos fueron mencionados por el dictamen de Carrió, de nuevo, solo para que no se dijera que no los referenció, pero sin que le merecieran mayores observaciones. Nunca se había visto una serie de maniobras destinadas a destruir una compañía —para después asaltarla— de semejante magnitud. Para la Comisión de Asuntos Constitucionales la única preocupación era la emocionalidad antiempresaria con la que ayudaba al gobierno a concretar sus propósitos mientras contradictoriamente expresaba su pronunciamiento como una simulada crítica.

El viceministro Kicillof se había quejado en enero a su vez de que el envío de utilidades de Repsol al exterior se hiciera en el momento en que la frágil economía del país enfrentaba una corrida cambiaria. Lo que ocurrió después hasta abril es la crónica de una muerte anunciada. El Estado argentino había destruido un mercado y simplemente había recurrido a un chivo expiatorio con gran ayuda opositora para correrse de su responsabilidad. El dictamen recuerda que en julio de 2019 Repsol le encargó a Goldman Sachs que buscara un comprador para sus acciones de YPF. Estaba haciendo un gigantesco negocio, pero se quería ir. Lo cuenta también el diario *El País* en una nota titulada "El último tango de Repsol" del 5 de julio de 2009. En ese momento, las empresas chinas CNPC y CNOOC negociaban con la española la adquisición de su paquete accionario por USD 17 000 millones. El diario contaba que las compañías chinas consideraban la compra de otras empresas en Irak y agregaba también:

> Argentina no es tan peligrosa como Irak. Pero los riesgos políticos y reguladores eran considerables. YPF había sido un dolor de cabeza para Repsol desde que el grupo energético español la había comprado por USD 15 000 millones de dólares en 1999. Los controles de precios le impidieron beneficiarse plenamente del elevado precio del petróleo. Las reservas disminuyeron, y la inversión había sido insuficiente… Y las grandes petroleras tal vez no lloraran por la venta de YPF, que tenía un atractivo limitado. (Maharg-Bravo, 2009)

Nada de esto encajaba con la idea loca del gran negocio de desinvertir y sobrevaluar acciones con reparto de dividendos. Los chinos de cualquier manera solo estaban interesados en contratos de participación, pero no la compra del 75% de las acciones.

La conclusión del dictamen sobre todos estos acontecimientos concatenados apenas fue que Repsol era culpable de querer vender sus acciones:

> De la cronología enunciada precedentemente se desprenden las siguientes conclusiones:
>
> - Que era voluntad de REPSOL salirse del *negoción* en la Argentina, situación que había sido informada a los accionistas en ocasión del Balance de Gestión 2010. En igual sentido y abonando esta tesis que indica que el 12 de julio de 2011 la compañía asumió el compromiso de mantener el 50.1% de YPF hasta FEB de 2013.

- Que REPSOL fue desprendiéndose de manera paulatina de sus acciones. Adviértase que el 31 de enero de 2011 el Citi informó que manejará la venta del 20% de YPF durante el primer trimestre del 11.

… Corolario: La expropiación garantiza impunidad a Repsol, y la intervención 'premia' a quienes avalaron el 'vaciamiento', y garantiza impunidad a los funcionarios partícipes del mismo.

Es decir, para la Comisión de Asuntos Constitucionales, llamada a pronunciarse sobre la constitucionalidad de una expropiación que se había iniciado por una burdamente ilegal intervención y con el anuncio de que la expropiada no sería indemnizada (aunque luego se pagaría la cifra pretendida por Repsol), todo el asunto se reducía a que la empresa se lo había buscado porque se quería ir, sin que tampoco le pareciera necesario analizar si en esa voluntad no habían influido múltiples, reiteradas y delictivas violaciones a sus derechos de propiedad que ella misma detallara. En cambio, los directivos de la firma, concluía el dictamen, debían ser incluidos en una denuncia penal que contenía una variada gama de delitos incorporados como asociación libre por la diputada. La ensalada de delitos que copió y pegó Carrió como conclusión para imputar a los expropiados incluyó:

1. El uso de información privilegiada para alterar el valor de las acciones de una compañía (art. 307 del Código Penal), sin haber relatado hecho alguno que lo justificara. Desde ya, la norma penal no tiene nada que ver con el negocio que interpreta que se hace repartiendo dividendos, que, si influye sobre la cotización, es después de que la información se publique, no porque se la conozca debajo de la mesa.

2. El de alterar el valor de las acciones mediante el suministro de información falsa o simulando liquidez (art. 309 del Código Penal), que tampoco encaja con el hecho de que los balances y el reparto de dividendos tiene controles estrictos de las bolsas de valores, y el de administración infiel (art. 173 inc. 7 del Código Penal), que se da de patadas con la idea de haber procurado grandes ganancias para la compañía mediante las maniobras anteriores.

Lo que muestra esta elección endeble de figuras penales es la búsqueda de una demonización, sin ninguna preocupación por aspecto jurídico alguno. El Código Penal es el subterfugio con el que se escapa del hecho de que no había reclamo patrimonial posible que el Estado le pudiera hacer a YPF o a sus socios, porque en realidad era al revés. Todo lo que se desprende de los hechos es el daño que YPF ha sufrido por las decisiones del Gobierno legitimadas por la ola emocional nacionalista. Todos estos "delitos" que entiende Carrió que fueron cometidos sin que el Poder Ejecutivo dijera nada. Su conclusión del proceso confiscatorio fue que el gobierno debería haber hecho algo para encarcelar a los directivos de YPF, lo cual no era función del Poder Ejecutivo sino del Judicial en todo caso.

Lo cierto es que lo que el kirchnerismo hizo al quedarse con YPF no fue otra cosa que hacer suyos los ataques que, desde el sector de Carrió, junto con María Eugenia Estenssoro, senadora por su partido, venían realizando contra Repsol y la privatización. A tal punto que la diputada se consideró reivindicada cuando el Poder Ejecutivo hizo suyos sus argumentos de demonización nacionalista:

> Entre los reconocimientos puede leerse: "Como se verá a continuación, la estrategia de carácter predatorio ejercida por parte de REPSOL como controlante de YPF tuvo serias consecuencias para la economía nacional y, seguramente, se profundizarán si el Estado no toma intervención

en el funcionamiento de la empresa". (Carrió, 2012)

La criminalización de la empresa privada no tiene que ver con cuestiones jurídicas o conductas penales, sino con su atrevimiento de no cumplir con los objetivos del país, definidos por la política: "El accionar de Repsol-YPF a lo largo de los últimos años demuestra que los intereses del accionista mayoritario y controlante no han coincidido con las necesidades de la República Argentina… Queda en evidencia que el accionar de la empresa se encontró guiado por la lógica cortoplacista encaminada a la expansión mundial y lindera con la actividad especulativa, que se tradujo en el vaciamiento de la principal empresa de nuestro país".

No sintió la autora del dictamen que tuviera que relacionar la idea del cortoplacismo con la de apuntar a una expansión mundial, ni mucho menos indagar en la lógica de tales decisiones; bastaba con catalogarlas de "linderas con lo especulativo" y "vaciador", contrarias a las necesidades del país.

LA HIJA DE YPF

Otra de las opiniones fuertes desde la oposición en la materia fue la de María Eugenia Estenssoro, exsenadora e hija de José Estenssoro, quien fue el primer administrador de la YPF privada. Ella siguió la misma tesis del vaciamiento para explicar la situación de YPF, por lo tanto, la confiscación y posterior expropiación fue nada más que un acto de justicia tardío según su punto de vista. Fue una de las primeras personas en criticar la venta de las acciones que le quedaban al Estado porque, en su concepción, YPF es un instrumento de la política. Tiene derecho a pensar así; lo reprochable es evitar confrontar ideas y tratar como criminal cualquier opinión o política contraria, o participar en un mercado que permite al capital privado intervenir.

Su postura respecto de aquel verdadero asalto a la empresa quedó resumida en una carta abierta que Estenssoro le escribió a Cristina Kirchner que parte de la queja de que Repsol hubiera adquirido la compañía "por un puñado de pesos" (USD 15 mil millones) y a partir de ahí asume que la compañía española resultaba condenable desde el vamos. La carta dice lo siguiente:

> Estimada Presidenta (sic),
> querida Cristina:

Me dirijo a usted con profundo dolor porque la verdad de los hechos me impide acompañar una iniciativa importante, estratégica para el país, como es la recuperación de YPF para los argentinos. Una causa por la que vengo abogando, casi en soledad, desde hace 13 años.

Quiero agradecerle, en primer lugar, el haber elogiado públicamente la gestión de mi padre en YPF, reconociendo frente al Congreso Nacional que en esos años la compañía alcanzó niveles récord de producción y exploración. Cuando mi padre murió, en el año 1995, YPF se había transformado en una multinacional argentina, de capital mixto, controlada por el Estado nacional, con yacimientos en Brasil, Bolivia, Perú, Ecuador, Estados Unidos, Rusia e Indonesia. Era la petrolera número once del ranking mundial. Mi padre entendía que, de cara al siglo XXI, la Argentina necesitaba una YPF con una visión global, que liderara en nuestra región.

Lamentablemente, ese sueño murió cuando el avión en que viajaba se estrelló en Ecuador. Poco después, en 1999, el presidente Menem vendió las acciones del Estado y el control de YPF a la española Repsol por un puñado de pesos. En ese momento, como hoy, gran parte de la dirigencia política, los medios y la ciudadanía también aplaudió. Debo señalar que su marido, el expresidente Néstor Kirchner, acompañó enérgicamente esta decisión: en lugar de defender nuestra soberanía energética, vendió a Repsol el 4,3% de las acciones de YPF que tenía la provincia de Santa Cruz. En una entrevista que me hizo el diario *Página/12* el 16 de mayo de 1999, dije que ése era "el último gran acto de corrupción de la gestión menemista".

Hoy quiero expresarles a usted y a mis compatriotas, con todo respeto y gran pesar, que no podemos subsanar ese grave ilícito, ese grave error, con otro acto de corrupción. Aprobar el proyecto de expropiación de YPF que mañana tratará el Senado sin antes revisar minuciosamente lo actuado por funcionarios de su propio gobierno implicaría convalidar y encubrir sus responsabilidades políticas, administrativas y probablemente penales en la pérdida del autoabastecimiento energético nacional y el vaciamiento de YPF.

En 2003, el expresidente Kirchner recibió una Argentina autosuficiente y "soberana" en materia petrolera. Pero una política energética equivocada, llevada adelante por el ministro Julio De Vido y el secretario de Energía, Daniel Cameron, hizo que dilapidáramos en ocho años el autoabastecimiento nacional que supimos conseguir y consolidar en ¡ocho décadas! Es verdad, el consumo aumentó al ritmo de la recuperación económica, pero la producción nacional colapsó y su gobierno fomentó la importación.

Culpar a la gestión de Repsol en YPF por la mayor crisis petrolera de toda nuestra historia es una simplificación tramposa: YPF representa sólo el 30% de la producción de gas y petróleo del país; y, además, de las catorce empresas que lideran la producción del país, nueve (entre ellas, Petrobras, Total, Chevron, Enap, Tecpetrol) tuvieron pérdidas superiores o comparables a las de YPF.

La pérdida del autoabastecimiento es el resultado directo de la gestión de sus funcionarios. Esto se expresa claramente en una carta enviada por Daniel Cameron a ocho exsecretarios de Energía, que le escribieron preocupados por la caída constante de nuestras reservas y producción. Cameron respondió el 11 de junio de 2011: "Una primera conclusión es que el autoabastecimiento es importante, genera seguridad, pero no es determinante ni extremadamente riesgosa la dependencia que inevitablemente tienen aquellos países que no lo disponen entre sus recursos naturales o, si lo disponen, no cubren la totalidad de sus necesidades".

¿Cómo se sorprende que perdiéramos el autoabastecimiento y que el año pasado las importaciones escalaran a 10 000 millones de dólares si el secretario Cameron nunca creyó que era riesgoso o importante?

¿Por qué no le ha pedido la renuncia todavía? ¿Por qué ha premiado a De Vido, su superior directo, con la intervención de YPF, si pesan sobre sus espaldas la tragedia de Once, la crisis de los ferrocarriles, los escándalos del área de transporte y el colapso energético, que no es solo petrolero? ¿Sabe que involucra también la generación de electricidad?

Me alegra que haya decidido, por fin, sancionar a los responsables del vaciamiento de YPF. Pero ¿por qué expropia al grupo Repsol y exime a los Eskenazi, siendo que el retiro de utilidades extraordinario —255%, en 2008 y 140%, en 2009— se produjo para que la familia Eskenazi pudiera pagar la compra del 25% de las acciones con las ganancias de la propia compañía? Además, es Sebastián Eskenazi quien manejó la compañía en estos años. El acuerdo societario firmado entre Repsol y Eskenazi en febrero de 2008 y los balances de la compañía que dan cuenta del vaciamiento fueron aprobados y llevan la firma del director del Estado en YPF, Santiago Carnero, actual miembro del directorio del Banco Central (¡qué peligro!), y de la síndica del Estado en YPF, Silvana Rosa Lagrosa, actual miembro de la Sigen (¡otro peligro!). ¿Cómo no los ha separado de sus cargos y puesto a disposición de la Justicia si han incumplido sus obligaciones como funcionarios públicos?

Estimada Presidenta (sic), realmente estaríamos dando vuelta la página de un capítulo muy oscuro de nuestra historia petrolera si los responsables políticos, administrativos y empresariales fueran sancionados e investigados todos por igual. Por otra parte, la Argentina necesita una YPF argentina y una política energética nacional, sustentable y de largo plazo. Pero nadie nos ha presentado ni un plan estratégico para el país ni un plan para la nueva empresa. Se nos pide que votemos a libro cerrado y con los ojos vendados. Yo creo en el rol del Estado, pero en un Estado serio, transparente, ejemplar, que se sujeta a la ley,

que controla y se deja controlar,
y que cuando se equivoca y
comete errores, no ataca a unos
para encubrir a otros.

Por todo lo expuesto y de todo
corazón, lamento profundamente
no poder acompañar el proyecto
oficial que tratará el Senado en el
día de hoy. Respetuosamente...
(Estenssoro, 2012)

Los supuestos de la misiva eran que, como YPF era estratégica, debía seguir un plan nacional que nadie se lo había presentado a la senadora, pero que ella tampoco proponía porque lo importante era que la compañía fuera manejada políticamente. Curioso es que manifestara que aun así no apoyaba la estatización. A su vez Repsol, que la compró por el puñado de 15 mil millones de dólares, era responsable de la situación energética, aunque proveyera solo el 30% del abastecimiento interno. La señora Kirchner, que no es responsable de otra cosa que de tener funcionarios que no impidieran a YPF manejarse de acuerdo a sus intereses, llevaba consigo el pecado de haber apoyado en su momento la privatización.

¿Por qué María Eugenia Estenssoro es referente en esta materia? Porque va munida de las verdades de su emocionalidad y es hija de José Estenssoro, original privatizador de YPF. Munida de semejante emoción entiende que todos los que giran alrededor de la cuestión y que no se atienen a sus muy acotados parámetros sobre la cuestión son unos criminales, como también lo son los funcionarios que no se ajustan a ellos. Nunca se hace un análisis crítico de las cosas que afirma porque carga la autoridad de su postura emocional y del vínculo con su padre. Es la hija de YPF.

Sobre el juicio de Burford Capital en New York como adquirente de los derechos de las empresas Petersen, dijo en otro momento lo siguiente:

> No solo vaciaron YPF, sino que ahora están demandando al Estado y a la empresa por la suma de 5 mil millones de dólares. El juicio se está llevando a cabo en Nueva York dado que la empresa cotiza en la bolsa y la Argentina perdió en primera y segunda instancia. Podría llegar a seguir el mismo derrotero de Repsol, que, luego de vaciarla, hubo que pagarle 8900 millones de dólares. (Eco Medios, 2019)

El crédito que se reclamaba en New York originalmente pertenecía al grupo Petersen como accionista minoritario al que el adquirente (vía expropiación) del 51% estaba obligado a comprar su parte en iguales condiciones, de acuerdo a las normas de emisión de los ADR (acciones extranjeras que se negocian en el mercado estadounidense) en aquella plaza bursátil. Vaciamiento o no, el grupo Petersen era propietario de esa minoría por transferencia hecha por Repsol. El Estado, aún en la polémica hipótesis del vaciamiento, no tendría derecho a confiscar esos activos, por lo tanto, la relación que hacía entre una y otra cosa no tenía asidero alguno. Lo mismo ocurre en el caso de Repsol: no importa la opinión que tuviera cualquiera de la gestión de Repsol, el pago correspondía porque así lo dispone el artículo 17 de la Constitución frente a una expropiación. El "manojo de pesos" Repsol los había puesto, y parte de su adquisición se la cedió al Grupo Petersen.

Con estos razonamientos caprichosos, basados en la mera desaprobación moral y emocional, se saltea por completo los derechos de aquellos a quienes les apuntan y tratan como verdaderos muertos civiles. La confiscación no existe en el derecho argentino. El problema es que el vaciamiento no puede ser establecido más que en términos retóricos, porque si no, en lugar de omitir el pago compensatorio por la expropiación en un caso o por las obligaciones estatutarias en otro, lo que habría que reclamar sería una indemnización. Pero ese derecho le correspondería a acreedores reales y no acreedores emocionales.

Señala Estenssoro algo que también sirve para comprender la diferencia entre la realidad y el capricho emotivo. Repite ahí la excusa tan trillada de que los Eskenazi compraron la parte de YPF sin poner un peso, porque, según dijo, la mitad fue financiada por Repsol con dividendos y la otra mitad por un consorcio de bancos.

Veamos… Se puede condenar el modo en que Néstor Kirchner manejaba el país como si fuera propio y determinaba que una empresa se "argentinizara", aunque la verdad es que en la época en que ocurrió esta *argentinización* se hizo en varias empresas y los diarios lo comentaban como algo normal. El problema es que esa objeción, que comparto, nuble de tal manera el juicio que permita que se pase por arriba de derechos elementales y que se desconozca la validez de una operación al punto de deslegitimarla como hizo en este caso. El negocio que describió tiene un precio y está financiado, algo que es perfectamente normal. Los bancos pusieron el dinero y Repsol pagó a los Eskenazi con acciones a cambio de su gerenciamiento que hizo posible que YPF cumpliera los deseos de Néstor Kirchner y que Repsol pudiera atender a sus intereses. El que compra a crédito no es que *no pone un peso*, algo que es asombroso oírle decir a una persona adulta. Es igual que quien compra una casa con un préstamo de un banco. Si la transferencia hubiera sido gratuita, no habría habido concurso de las empresas del grupo en España.

Pero el reclamo de Burford no era meramente derivado de los derechos de Petersen, también provenía de los derechos de los bancos y el resto de los acreedores de las empresas radicadas en España. El grupo Petersen en sí mismo ni siquiera llevó adelante el reclamo. Del lado privado de esta operación, Repsol e YPF hicieron un intercambio mutuamente beneficioso y el Estado en eso no tiene arte ni parte. De hecho, si el Estado argentino no hubiera tenido que pagarle a Petersen el dinero de los accionistas minoritarios bajo la hipótesis de que aquella operación habría sido nula, igualmente se lo tendría que haber pagado a Repsol. Esas acreencias no se esfumarían en el aire.

Pero el enfoque emocional impide ver la realidad y hasta permite negar el pago hecho por esa operación. Hay bastante confusión en cuanto a lo que significa comprar acciones a cuenta de dividendos, algo que no es tan raro, pero también niega el pago de la mitad porque fue hecho con crédito. Siguiendo esta lógica, podrían quitarnos todas nuestras compras con tarjeta por haber sido hechas sin haber puesto un peso.

A pesar de eso, Estenssoro reconoció que YPF, ante el panorama que presentaba el mercado petrolero para todas las empresas Repsol, quería salir y que Eskenazi era el vehículo. El problema es que sabiendo eso insistía en mantener las culpas en el sector privado sin hacer análisis jurídico alguno ni considerar cómo el Estado indujo esta situación.

La hipótesis del vaciamiento supone que la inversión es una obligación con las aspiraciones del Estado a un autoabastecimiento como meta emotiva. Pero no invertir es tan válido y, en principio, económicamente justificable como hacerlo. No se invierte en negocios ruinosos. Y, al contrario de lo que este nacionalismo piensa, eso demuestra por qué la empresa privada es la que debe manejar el negocio petrolero: porque lo hará con un criterio económico, considerando costos y beneficios, y no con el de una épica empobrecedora que después pesa sobre los contribuyentes como impuestos y atraso. Repsol salvaba su patrimonio de gente como Estenssoro, Carrió o los Kirchner. No hay vaciamiento por no invertir y no hay robo por indemnizar una expropiación. El robo es la expropiación sin la indemnización.

LA ENCUESTA DE MACRI

Mauricio Macri era Jefe de Gobierno de la Ciudad de Buenos Aires cuando se produjo la confiscación y posterior estatización. Como una de las figuras más importantes de la oposición, se pronunció públicamente en contra y su bloque en el Congreso no aprobó la declaración de utilidad pública. Sin embargo, al llegar a la presidencia en 2015, continuó la política de administración estatal de la compañía incorporando capital privado, a la vez que permitía gradualmente una normalización de precios internos que de cualquier manera no terminó con la brecha que los separaba respecto de los internacionales. La distancia se achicó a los niveles que había en el año 2009. Se enfrentó, además, al reclamo de Burford Capital desconociendo los derechos de los accionistas minoritarios que reclamaban en base a las condiciones del estatuto de la compañía; por lo tanto, en realidad fue un continuador de las políticas de su antecesora en la materia. Solo agregó el reconocimiento en España de que la confiscación había sido un error cuando visitó el país en abril de 2018 (El Cronista, 2018).

Macri, hay que reconocerlo, encontró una gran resistencia a su política de actualización paulatina de tarifas. Esto podría ser materia de otro análisis en el que no me voy a detener aquí, sobre la ausencia de un plan económico integral que permitiera solucionar el problema del desajuste de precios y ver incrementados los ingresos de los consumidores por la inversión de capital. Pero eso es harina de otro costal, en lo que respecta al mercado de combustibles su gobierno quedó a mitad de camino.

Las aparentes contradicciones entre el discurso contrario a la confiscación y sus acciones obedecen al apego de Macri al humor de la opinión pública en cada momento, según las mediciones que le proporcionan sus asesores. Según cuenta el diario *El Cronista* (2012), cuando rechazó la confiscación, lo hizo limitándose por el resultado de una encuesta telefónica encargada de urgencia a la firma Isonomía. Durante las veinticuatro horas posteriores a que se conociera la medida dictada por Cristina Kirchner, mientras se realizaba la encuesta, a su equipo de colaboradores se le prohibió emitir opinión en los medios de comunicación.

Al comprobar que al 46% de los encuestados les simpatizaba la idea, se limitó a quejarse de que la medida "nos endeuda y nos aleja del mundo" y a criticar a Cristina Kirchner por haber apoyado la privatización en los noventas. A la vez dijo que a él le habría gustado que se hubiera seguido el modelo mixto de Petrobrás en lugar de la privatización. Básicamente terminó en el mismo giro que Elisa Carrió: en una crítica que también podía ser leída como apoyo.

En cuanto a las responsabilidades por la situación del sector, Macri repartió culpas entre los funcionarios y Repsol que, a su juicio, había repartido más dividendos de los que debía (El Cronista, 2012). Más incomprensible aún fue lo que ocurrió dos años después. Previo planteo de Repsol ante el CIADI, el tribunal arbitral del Banco Mundial, cuando el gobierno de Cristina Kirchner aceptó que debía indemnizar a Repsol y llegó a un acuerdo para el pago de USD 5000 millones en títulos públicos por las acciones expropiadas. En ese momento (abril de 2014), la oposición fue la que adoptó una posición más antiempresaria que el oficialismo (Clarín, 2014) y se opuso al pago con argumentos pueriles como el de Mario de Negri, senador radical y jefe de la bancada, que aludía a la no contabilización de "pasivos ambientales", o el de Margarita Stolbizer, aduciendo que el precio le parecía exageradamente alto, aunque al menos admitía que el derecho a la compensación existía. Insistía la diputada con la tesis caprichosa de que la indemnización había sido hecha para beneficiar a Repsol, el malo de turno.

El PRO (el partido de Macri) en la voz de Federico Pinedo se abstuvo porque, aunque dejaba a salvo que la indemnización era una obligación del Estado, siguiendo a Negri consideró inaceptable lo que llamó una "una amnistía a Repsol por los daños ambientales". Seguramente habían hecho previamente una encuesta, pero hacer pesar una suposición no establecida ni cuantificada, esgrimida como excusa general contra una indemnización concreta frente a la captura de un paquete accionario que tiene un valor en el mercado suficiente como para tomar el control de la compañía, es vergonzoso. Si se reconoce que el estado tendría que haber indemnizado previamente a los expropiados y se lo hace después de dos años, la única forma de oponerse a semejante cosa es con cálculos propios y justificados, no actuando de mala fe contra los damnificados para prestarse a la puesta en escena propuesta por el oficialismo, solo para adecuarse a los prejuicios de la opinión pública.

En 2016, nueve meses después de asumir como presidente, Mauricio Macri volvió a hablar del error de haberle quitado YPF a Repsol, señalando que primero hubo una confiscación y después se la blanqueó bajo una forma de expropiación. Antes que él, su ministro de Hacienda Alfonso Prat Gay había pedido disculpas a los empresarios españoles por aquel acto, pero ahí apareció Elisa Carrió a censurarlo mediante la presentación de una cuestión de privilegio en la que recordó la "investigación" del juez Lijo contra el directorio de Repsol y los funcionarios kirchneristas producto de su dictamen (El Cronista, 2016). Eso finiquitó los pedidos de disculpas de parte del nuevo oficialismo.

LA *ANTEOJERA*

El comienzo de la historia corta de la estatización
se encuentra en el período de ruptura de la convertibilidad
y la pesificación de los contratos de privatización de los
servicios públicos en el 2002. A partir de ahí, las
consecuencias de aquel curso de acción dejaron de
asumirse, como si no existieran. Simplemente se daba por
sentado que la economía y los convenios vigentes debían
adaptarse a la vuelta atrás del sistema monetario y ya,
como si no hubiera consecuencias y no se pagaran muy
caro. La tendencia oficial era culpabilizar de los efectos en
la caída de la inversión a las privatizaciones, que habían
sido quienes las habían generado en el período anterior.

La realidad es que el grado de desarrollo del
mercado energético en el mundo es tal que se guía por
precios internacionales. Los precios son incentivos que
funcionan como guía a la producción. Reúnen información
sobre producción, distribución, expectativas puestas en
acción, consumo y cuánto se está dispuesto a pagar por
eso. Todo eso está resumido en precios mundiales, dado el
grado de eficiencia de un mercado global. Un país que
piensa aislarse del mercado internacional y fijar precios
también es un país que tiene que renunciar a las corrientes
de inversión.

Esta explicación tiene un problema muy serio para
la política argentina y es que no les permite apelar a las

conspiraciones y estar buscando vicios y sospechas en la empresa privada, lo cual es indispensable para teñir de justicia la arbitrariedad. Siempre que encuentren una oportunidad invocar el mal en el otro, no se la perderán. Esto por supuesto que es parte de la rutina de todos los países, lo que ocurre en el nuestro es que es institucionalmente débil. La gente no valora el atenerse a las reglas a la hora de juzgar los hechos económicos y consideran a las instituciones un obstáculo para las verdades que les dictan las emociones, que a su vez están siendo agitadas desde la política.

Sin embargo, la realidad es que el problema de salir de la convertibilidad y aplicar un peso devaluado fue advertido por mucha gente, de todas las formas posibles, cuando el gobierno de Eduardo Duhalde procedió a la pesificación de los contratos, que significaba alterarlos sustancialmente. Los gobiernos podrán proceder de facto arbitrariamente y cambiar de manera despótica una moneda por otra, pero lo que no pueden evitar es la consecuencia de dañarse a futuro al ahuyentar al capital que la producción necesita, porque este simplemente elige otros destinos menos hostiles. Sin embargo, Duhalde y los gobiernos que siguieron eligieron ignorar esta condición; primero como forma de atender a la emergencia en la que se encontraba la población cuyos salarios en dólares se habían desplomado, pero después como sistema permanente y una alegre manera de "vivir con lo nuestro". Decidieron extender demagógicamente esas condiciones, de manera que, a la larga, el mercado se descapitalizó dramáticamente. Ante el fracaso, aparece la dignidad de la abuela mancillada por la venta de sus joyas.

No había necesidad de recurrir a teoría conspirativa alguna para entender lo que le pasaba a YPF y a todas las empresas del sector energético. Pero, claro, había que empezar por asumir las consecuencias de lo decidido en el año 2002 y eso ponía en jaque a buena parte del *establishment* político y periodístico. Lo cierto es que la convertibilidad fue establecida como un corsé, y como una garantía hacia los inversores de adentro y de afuera de que el Estado no podría volver a su comportamiento monetario anterior porque para eso debería producir un descalabro contractual y económico mayúsculo que ningún gobierno iba a estar dispuesto a asumir. Llegado el caso, el Estado argentino lo hizo igual y los responsables eligieron trasladar su responsabilidad al sector privado.

Argentina estatizó YPF actuando como una banda de niños malcriados contrariados por las consecuencias de sus propios actos. La teoría de que la empresa española Repsol invirtió 15 mil millones de dólares en comprar "la joya de la abuela" YPF para *vaciarla* es ciento por ciento una estupidez derivada de conceptos equivocados que hasta el día de hoy se propagan en diarios sin que nadie se atreva a cuestionarla a fondo.

Salir de esa postura victimista no implica un mero pragmatismo de los negocios. La visión emotivo-nacionalista no resiste en primer lugar un juicio moral serio. A un pisoteo del Estado de derecho le siguió una obstinación política, y el final es un falso acto justiciero. Tampoco hay que detenerse a examinar la santidad de los dueños de YPF, ese es en realidad uno de los subterfugios que se utilizan para justificar la arbitrariedad estatal, el de la "no inocencia", invirtiendo los términos del análisis racional, moral y jurídico. Todo lo que vengo sosteniendo no tiene nada que ver con el error opuesto al que comete la ola moralizante nacionalista, a saber, que las empresas por ser privadas son santas o una panacea. El supuesto es completamente diferente. La empresa privada se mueve en un mercado con incentivos. Trata con proveedores, empleados y clientes e intenta obtener beneficios basados en que a los últimos les conviene comprar y consumir sus productos más que otras alternativas. Si se equivocan en su comportamiento con cualquiera de sus contrapartes, pagan ellas las consecuencias y lo mismo les pasa a estas. El desarrollo del derecho mercantil es la consecuencia de que existan estos incentivos. El Estado, en cambio, mistifica y actúa sobre intereses ajenos. Sus agentes no pagan ellos por los errores. Se trata de dos marcos institucionales completamente diferentes, no de dos clases de personas, unos los malos políticos y otros lo buenos empresarios. Es la política interviniendo, exacerbando las pasiones, frente a la empresa que produce para vender.

En un mercado intervenido ocurre una situación intermedia. Las empresas deben sacrificar sus intereses o a sus contrapartes a cambio de nada más evitar las represalias del poder o deben adoptar una política diplomática con los agentes del Estado. Dicho esto, el problema de esta historia con YPF no es la alabanza de las decisiones tomadas por los empresarios, que bien o mal han hecho lo que debían hacer para preservar sus negocios. Es en cambio una clara denuncia contra el comportamiento del Estado y la explicación que este dio, tanto el oficialismo como la oposición, acerca de por qué se procedió de esta manera. Por esto es tan perverso buscarle fallas a la víctima. La inocencia en cambio no tiene prueba posible. El acercamiento racional para entender lo ocurrido tiene que consistir en escudriñar la supuesta justificación de la estatización, sus motivaciones y en sus resultados, y hacerle pasar el examen jurídico que corresponde. No hay que estudiar ni investigar a los expropiados sino en la medida de las acusaciones que se les hicieron, ninguna otra cuestión importa.

Podría ir más lejos para que se entienda lo que estoy tratando de explicar. Hay un equívoco en el proceso penal: la pretensión de determinar quién es culpable y quién inocente; porque la inocencia no puede dictarse. Aquí no hay equivalencia de partes. De lo que se trata es de saber si una acusación se puede sostener o no, si lo que se ha dicho de la YPF privada es cierto o es un capricho para avalar un crimen. No hay que establecer que a la idílica presencia estatal defendiendo la grandeza nacional haya que oponerle otra idílica visión empresarial equivalente en sentido contrario. Precisamente de eso es de lo que la tradición del derecho penal liberal ha intentado proteger a los individuos: de tener que demostrar su inocencia.

Para hacer un juicio moral de lo ocurrido también es indispensable separar cualquier imputación de algo concreto y verificable de la mera condena emocional según la cual todo incumplimiento de las aspiraciones predeterminadas como nacionales, como patrióticas, es un pisoteo a la bandera, un acto de un enemigo que no merece consideración alguna a la hora de ser despojado. En ese sentido, el hecho inconveniente de la estatización, cuyas consecuencias todavía se pagan, ha sido también sustancialmente injusto, basado en una interpretación ideológica, no jurídica y, además, tonta, de las obligaciones de los particulares. Misma emocionalidad prejuiciosa que libra al Estado, al vehículo del "bien de la patria", de su exclusiva responsabilidad.

A pesar de todas las evidencias que están ahí para que cualquiera las vea, la historia más difundida y creída en Argentina sobre YPF y su destino posterior a la privatización es que la empresa que la adquirió la vació y se negó a producir para hacer dinero con esa operación. Y por eso tuvo que llegar el Estado, el mismo que había fracasado con la YPF original, a hacerse cargo del asunto en nombre de la "soberanía energética". Este es el cuento que hay que oponer a la realidad para ver si resiste al examen de las evidencias. Se presentó a la estatización como la recuperación de las "joyas de la abuela", esta metáfora tan utilizada sobre las empresas del estatismo que caracterizó a la economía argentina desde la década del cuarenta hasta la del noventa. Este recurso alegórico ilustra perfectamente la narrativa emotiva en la que se ubican los análisis que lanzan condenas y absoluciones invertidas. Cuando no se acusaba al proceso de privatización seguido en los noventa de "venta de las joyas de la abuela", se lo tildaba de "entrega".

Dice mucho ese sentimiento de una familia venida a menos que piensa que está traicionando los sentimientos compartidos al deshacerse de un elemento que no le es útil para afrontar su situación, pero que la vincula a una época pasada de supuesta gloria. La venta de las joyas soluciona problemas prácticos, pero mediante un acto inconcebible, como una traición a la abuela y a su memoria. Un día llegan los tíos malos sin sentimientos ni respeto a empeñarlas por vulgar dinero. Por "un puñado de pesos", como dijo la entonces senadora Estenssoro. Esa familia venida a menos, sugiere el recurso a esta alegoría, tendría en realidad que pasar hambre, pero conservar las joyas porque ellas eran la abuela en sí misma y el remanente de dignidad familiar.

Con esa fraseología tanguera se suprime la realidad de que la hiperinflación de Alfonsín fue el final de un proceso de fracaso que había llevado a enterrar a la abuela para conservar las joyas, que en realidad eran un agujero negro sobre las finanzas públicas y no un activo. Eran un lastre solo valioso en términos de vinculación con la emocionalidad del relato nacionalista. El Estado se deshizo de unas empresas, es decir, de unas organizaciones destinadas a producir pero que eran improductivas y que las mantuvo mucho más allá de lo razonable, para intercambiarlas por dinero y para dejar al sector privado actuar y generar ganancias para sí mismas y para sus proveedores y clientes, además de ingresos fiscales.

Cualquier abuela inteligente habría hecho lo mismo. A partir de esa mística ideológica y lo que significa, todo lo hecho después por el sector privado aparece como sucio y sospechoso. Todo es "saqueo", "vaciamiento", "especulación", "cortoplacismo". Fueron los términos aplicados con una liviandad pasmosa a los compradores de las joyas el día en que fueron asaltados para recuperar el "patrimonio nacional" y sin querer siquiera devolver la plata del empeño. Tenemos que desentrañar cuál es el sentido de defender al país en esos términos. Si lo más sabio es amparar a los nietos caprichosos, a los tíos displicentes o a los intereses racionales de los argentinos. Por desgracia, en esta historia emocional las consecuencias no quedan limitadas al terreno de la ficción, sino que se alteran derechos y se juega con la libertad de las personas a las que se les hacen denuncias que no tienen pies ni cabeza porque hay que vestir lo que se hace de heroico. Es el mundo paralelo de un nacionalismo liviano que cruza el espectro ideológico de lo que llamamos izquierda y derecha, que sería pintoresco si no se volviera macabro cuando arrasa con obligaciones legales y contratos e inventa chivos expiatorios a los cuales perseguir, arrastrando el destino inevitable del fracaso.

YPF es un pequeño universo del problema económico argentino, que es, a su vez, jurídico y moral, atrapado por una ficción épica de un país deslucido que no quiere perder un falso orgullo. Argentina es un fenómeno inusual de la historia económica mundial. Paso de ser una de las economías más importantes del mundo entre fines del siglo XIX y principios del XX a una del tercer mundo. Entre 1875 y el final del siglo XIX, el país osciló entre primer y el decimoquinto puesto del ranking mundial de ingreso per cápita. Incluso durante los años 1895 y 1896 ocupó el primer lugar (Espert, 2019). A partir de 1947 sufrió un declive que no tiene comparación respecto de ningún otro país que hubiera alcanzado su nivel de desarrollo.

Gran parte de la explicación de este fenómeno se lo puede ver reflejado en cómo los argentinos, su llamada "clase dirigente" —esto es desde políticos a periodistas, intelectuales y el sector educado de la sociedad—, adopta una percepción irreductible acerca de las cuestiones públicas dominada por un orgullo compensatorio en el que se apuesta a la socialización de las áreas más importantes de la economía como una forma de *estrategia* en el desarrollo de un conflicto fantasmagórico, muy a contramano de las sociedades que hacen negocios basados en expectativas de beneficios, inversión, riesgo y contabilidad. El intervencionismo estatal es la respuesta a los "poderes" que el argentino formado ve operar contra su país, a pesar de que es capaz de ser perfectamente racional en el manejo de su propio dinero.

DE LAS DEUDAS DE LA ABUELA A LA TECNOCRACIA

En la historia argentina del último siglo, el peronismo hizo escuela en cuanto a propagar la idea de que el mundo de los negocios es una forma de beneficiar a una élite (oligarquía) y perjudicar al resto. Antes de eso, Hipólito Yrigoyen, el creador de YPF, había plantado la semilla fatal del nacionalismo económico que tiene mucho que ver con la manera en la que se juzgan acontecimientos como los de YPF. La huella que dejó esa mentalidad es tan profunda que es raro que se mencione la palabra empresario en el debate político sin que tenga una connotación negativa.

El fracaso de las empresas acosadas por el capricho regulatorio termina convirtiéndose en la profecía autocumplida que se parece tanto a los versos de sor Juana Inés de la Cruz dedicados a la mirada prejuiciosa sobre la mujer:

> Hombres necios que acusáis
>
> a la mujer sin razón,
>
> sin ver que sois la ocasión
>
> de lo mismo que culpáis.
>
> Si con ansia sin igual

solicitáis su desdén,

¿por qué queréis que obren bien

si las incitáis al mal?

Si la política ve a los negocios como algo intrínsecamente sospechoso, como un mundo aparte donde las personas se vuelen mezquinas, lo que produce es una economía regimentada en la que los gobiernos deciden con un criterio moral prejuicioso, en el mejor de los casos, configurando quiénes deben ser los ganadores y perdedores. Quien pretendiere ser un jugador importante desde el sector privado tiene que mantener vínculos, muchas veces non sanctos, con el poder político. Ese ida y vuelta no puede ser honesto y lo peor de todo es que a la corrupción derivada del mismo sistema de control se la interpreta como la confirmación de que los empresarios son seres maléficos, lo que amerita otra política de control.

Cuando no hay seguridad jurídica, lo que queda como sucedáneo es seguridad política, la protección específica del que manda, que dura tanto como el humor del poder del momento. Cuando aparecen los problemas, se les aplica la explicación de la "corrupción" que arruina los planes de grandeza; el cuento contado al revés. Al no funcionar el sistema económico sin instituciones, sin contratos, la causa que lo explica todo es la moralidad de los actores económicos. Si el control de precios produce desabastecimiento, será que los empresarios están actuando de manera oligopólica y eso constituye la prueba definitiva de que hace falta más rigor de parte del Estado, porque los que hacen dinero no reconocen límites. La ilusión que queda es que gente más honesta hará algún día que todo funcione perfectamente bien.

Eso fue lo que Adam Smith explicó en 1776 de la manera contraria, en su célebre *La riqueza de las naciones*: que la economía está formada de un entramado complejo de gente siguiendo su propio interés, algo que en todos los países desarrollados se entiende y también en los que se desarrollaron a nuestro alrededor como Chile, Perú, Colombia, y los que van en ese camino como Paraguay.

En la década del noventa, sin embargo, Argentina pareció bajarse de su narrativa emocional y se encararon las deudas de la abuela para que no siguieran desangrando a los nietos. Con YPF se hizo en pasos sucesivos: el primero fue dotarla de una estructura societaria comercial convirtiéndola en sociedad anónima, quedándose el Estado nacional con el 20% del capital y la "acción de oro", mientras que el 12% fue entregado a las provincias. El 46% quedó representado por el ingreso de bancos y fondos de inversión privados. Hacia 1998, dos tercios de la empresa se encontraba en manos privadas y en 1999 la empresa española Repsol adquirió las acciones que le quedaban al Estado.

En el plano emocional antiempresario, ese proceso es generalmente descripto como el de un desgarramiento.

Ahí se cometió el gran pecado de "contaminar" a YPF con capital privado, llegando en un momento a la *entrega* total.

Cuando a partir del año 2002 el sector energético empezó a sufrir las consecuencias de la pesificación asimétrica y los controles de precios, el fracaso consiguiente volvió a despertar al gigante emocional rendido y una corriente imparable de hostilidad hacia los dueños de la compañía culminó con una forma de confiscación atropellada en el año 2012, que de cualquier manera al final terminó con la indemnización a la empresa española, principal víctima de aquel despojo.

A las dos perspectivas, la emocional y la racional-jurídica —me permito bautizarla así— se les podría agregar una tercera que pretende ser indiferente a las cuestiones de principios: la tecnócrata, que pretende bastarse a sí misma en términos de eficiencia. Ahí podría ubicarse a la gestión que encaró Miguel Galuccio, el experto contratado por el gobierno expropiador a partir del 2012 para producir resultados económicos en YPF sobre la base del conocimiento del negocio, y también la de Juan José Aranguren, expresidente de la filial argentina de Shell que se hizo cargo de la cartera de energía en el gobierno de Mauricio Macri.

En realidad, la idea de que después de haberse desbaratado los derechos de propiedad se puede salir en términos de buenas decisiones gerenciales, menospreciando la base jurídica y haciendo como que aquel atropello no ocurrió, es auxiliar de la perspectiva emocional. Para este modo de ubicarse frente al problema, lo institucional es meramente *ideológico*, cosas que discuten inútilmente los economistas y los abogados, y la elección de uno u otro orden no es diferente a la que se hace entre gustos de helado. No hay realidad fuera de lo técnico. No importa quedarse con Josef Mengele o con un médico que trabaja por el paciente, lo determinante es la *eficiencia*. Sin embargo, eficiencia es un concepto inútil en un marco confuso y del modo en que se usa este vocablo aumenta la confusión. Lo institucional es clave hasta en la determinación de los costos, los riesgos y las tasas de interés que se pagan por el capital de trabajo.

La prueba está en que Galuccio se encontraría después de la estatización con que sus planes expertos para desarrollar yacimientos en el área de Vaca Muerta no contaban con socios ni financiación adecuada, a pesar de todo lo que él sabía de producir petróleo. Aranguren, por su parte, hizo un esfuerzo ingente por encarar la misma misión, dentro del mismo marco institucional, porque, aunque intentó adecuar los precios a la realidad, no revirtió la estatización y no le fue mucho mejor en términos de recuperar el valor de la compañía.

Es tan trascendente lo que se puede aprender de lo que pasó con YPF que, sin temor a equivocarme, podría decir que se trata del mismo problema que tiene el país en sí mismo como obstáculo a su despegue desde el mundo gris al que parece acostumbrado. Ahora se agudiza porque desarrollo de una explotación de yacimientos no tradicionales requiere capital de riesgo en grandes proporciones y fuentes de financiamiento baratas. La forma de obtener esto es con una buena idea de producción, pero la condición requerida es buena conducta, respetar al capital, no subir sino bajar su tasa de riesgo eliminando esa arbitrariedad que siempre está cubierta por la visión emocional estatista de los nietos de la abuela imaginaria.

Todo esto puede resumirse en una idea tan sencilla como la de respetar a un cliente. No se lo hace por servilismo o pleitesía (la emocionalidad nacionalista no puede dejar de verlo así), sino para obtener de él su colaboración. Cuanto más respeto haya a los contratos y a los objetivos de lucro del capital, más barato y fácil será obtenerlo. Los contratos se cumplen porque eso es una señal de que otro puede arriesgar sus recursos y que sus esfuerzos en función de nuestros objetivos, para perseguir los propios, serán recompensados. Esto que en los países desarrollados ya ni llega a discutirse, en la Argentina es una lección que parece desconocida.

A esta sencilla composición de lugar, que es una condición elemental para la prosperidad, se la considera una postura ideológica, además de un atentado contra la bandera y el pueblo. Pero es derecho, lo que los anglosajones llaman *rule of law* y que para nosotros tiene una connotación un tanto distinta como "supremacía de la ley", porque ley en nuestro sistema es sinónimo de voluntad de los legisladores.

HISTORIA Y PASIÓN

En junio de 1922, bajo la presidencia de Hipólito Yrigoyen, se fundó Yacimientos Petrolíferos Fiscales (YPF) como una empresa petrolera completamente integrada, desde la exploración a las estaciones de servicio. Se la concibió como un emblema nacional siguiendo las ideas nacionalistas europeas que empezaban a predominar en la Argentina, que unían "producción estratégica" a patriotismo. Se podría decir que es el inicio del estatismo épico que luego fue llevado a su máxima expresión por Juan Domingo Perón.

La concepción del petróleo como depositario de las aspiraciones de grandeza de la patria está presente en la mentalidad política argentina en el más amplio espectro de identificaciones partidarias. Desde el radicalismo apegado a aquella historia hasta el peronismo, desde la izquierda marxista a la derecha nacionalista propiamente dicha. Parte de la concepción bélica de la producción "estratégica" y de la economía que conspira contra la producción y la economía reales, y se ha probado que no sirve tampoco para ganar guerras. Refuerza en cambio una ola de sentimientos vinculados a la identidad y una épica consecuente. Sin embargo, hay dos niveles de esta forma de pensar que habría que distinguir. El primero es la adhesión a las ideas nacionalistas europeas y el segundo es el mero estatismo emotivo bastante más reduccionista, y que resulta ser lo que se verifica en el caso de la estatización de YPF.

Es así como la historia de esta compañía y el análisis político, económico y jurídico de las distintas decisiones tomadas por los gobiernos sucesivos hasta la actualidad resulta tan teñido de aspiraciones, muchas veces contradictorias, que hace muy difícil el debate racional y provoca que se justifiquen todo tipo de arbitrariedades en nombre de una justicia como sentimiento e ideología más que como derecho. Lo más importante para mí al escribir este libro es que se identifique cuánto de preferencia política y emoción tiene lo que se vende como *justicia*. Si se admitiera que estamos ante una discusión filosófica, económica e histórica, se debatiría lo que se debe discutir en vez de empezar con las persecuciones y la creación de demonios. El problema es que la visión emocional-nacionalista es tan totalizadora como una religión integrista: una parcialidad que se percibe como total y única, a la que nada más se pueden oponer herejes.

En cambio, no es tan subjetivo el derecho en sí mismo como supone la política, sobre todo la que se hace en la Argentina, que ha hecho de la Constitución argentina un modelo adaptable a todos los gustos y que ya rara vez se invoca como fundamento de los actos del Estado y sus límites porque se cree que tal cosa además de ser "lo ideológico", es arcaica. Esto tiene serias consecuencias sobre el desarrollo del país y también sobre la convivencia política. Por la misma razón cuando se habla de la

Constitución en su aspecto formal, como el modo de aprobación de las leyes o los requisitos para acceder a ciertos cargos, es el único momento en que la discusión parece despertar interés. En cambio, al hablarse de los principios que todas esas formalidades están destinadas a resguardar, pareciera que fuesen unas meras opiniones en desuso. Son esos fundamentos los que se han ignorado al juzgar a la empresa y a sus accionistas, y al proceder a una verdadera confiscación después convalidada por el Congreso, a la que difícilmente se la pueda encuadrar bajo el marco de una expropiación regular.

El otro aspecto que no se considera y que está estrechamente vinculado a la vigencia de derechos elementales como el de propiedad es el económico. El gran hito de esta incomprensión ocurrió cuando Axel Kicillof llegó a decir ante el Congreso que la seguridad jurídica no le importaba nada, que a él solo lo movía esa pasión patriotera que no es para nada gratuita.

Para entender el daño hecho por estas visiones es necesario limpiar el relato de la atribución de intenciones traidoras que la perspectiva nacionalista endilga alegremente a cualquier contradictor o interés privado alejado de su concepción política y sus sueños.

A lo largo de los meses que me ha llevado esta investigación observo que, mientras el país se divide en facciones irreconciliables, como peronismo y antiperonismo, nostálgicos del terrorismo y militares, kirchneristas y partidarios de Cambiemos, incluso extrema izquierda y extrema derecha, todos comparten al final una emocionalidad colectiva que en gran parte explica cómo la Argentina se alejó de su camino de crecimiento admirado por el mundo a principios del siglo pasado hacia este fenómeno tan curioso de subdesarrollarse. Los acontecimientos relacionados con YPF llevan a esa conclusión, con un gobierno atacando a la empresa con los argumentos de una parte de la oposición del momento. Solo actuó contra la opinión una pequeña parte de ellos representada por Mauricio Macri que, de cualquier manera, al convertirse en Gobierno en 2015, no hizo nada para revertir las consecuencias de la confiscación e hizo suyos los motivos emocionales en los tribunales de Nueva York.

Yrigoyen creó YPF bajo la consigna de que se trataba de un interés estratégico y vital para la nación, entendiendo al país como una gran empresa a cargo del Gobierno que debía planificar las grandes áreas productivas sobre la base de un bien común. La Constitución de 1853, que da inicio a la Argentina como tal al lograr la unión nacional, se hizo con una idea totalmente diferente, de acuerdo con el desarrollo de una economía privada, con fines privados, protegida de las violaciones de los derechos de propiedad. Un país no planificado centralmente sino creciendo por medio de contratos privados e intercambios. Por más que los argentinos de todos los colores se empeñan en discutir la economía y lo que es justo o injusto sin plantearse esta cuestión, en realidad su atraso podría explicarse viendo el apartamiento de su sistema político y de sus instituciones de aquel norte.

No interesa aquí discutir esas dos concepciones en realidad, pero sí entender cómo el tipo de visión general cambia radicalmente los parámetros para juzgar a la empresa privada y al propio Estado, y determina los juicios morales y políticos que se hacen sobre los conflictos que tiene el país por YPF, antes y después de su privatización y reestatización. En la medida en que se acepte en qué nivel están las diferencias, las pasiones deberían moderarse, permitiendo una discusión más fructífera. Lo que se demoniza, las teorías conspirativas sobre un presunto *vaciamiento*, por ejemplo, no se explican desde los hechos en sí sino a partir de posturas ideológicas elegidas.

Los que para unos podrían considerarse como contratos celebrados para mutuo beneficio a través de los cuales se lleva a cabo la inversión de riesgo y producción, para otros, desde el vamos, es la "entrega de las áreas estratégicas" y el abandono del *proyecto nacional*. La concepción de crimen y corrupción resulta así una mera opinión política que nada tiene que ver con transgresiones de tipo penal reales. Se crea por este mecanismo una *mano dura* contra la empresa privada, sin importar lo que esta haga, porque no tiene que ver con que los empresarios sean traidores a la patria sino con ser monstruos para el nacionalismo, sin que haya fuera de esa *anteojera* criterio objetivo que permita condenarla. Examinados los acontecimientos por su realidad y no por aquella emoción, las responsabilidades son muy distintas.

"ENTREGA" Y "ARGENTINIZACIÓN"

YPF había sido privatizada en sucesivos pasos desde el año 1993, con activa participación de Néstor Kirchner como gobernador de Santa Cruz. Antes de eso, la empresa había representado pérdidas para el Tesoro Nacional en la década anterior por unos seis mil millones de dólares. Luego de reestrucuturada —de tener cincuenta mil empleados, fruto de la política, a funcionar con cinco mil—, se transformó en el principal contribuyente del país.

Cuando Néstor Kirchner llegó al poder nacional en 2003, recibiendo los beneficios para el Estado de la gran devaluación y pesificación forzada de Duhalde, decidió continuar con los congelamientos que se habían dispuesto inicialmente a las tarifas vinculadas a la divisa con la intención de contener las consecuencias del ajuste sobre la población.

Repsol ya era dueña de YPF y, como consecuencia de los controles, la inversión en otras plazas se hacía mucho más interesante que en la Argentina; circunstancia que se le presentaba a todas las empresas del sector. Lo que sigue en los años venideros fue nada más que un deterioro de la infraestructura, consecuencia que puede entenderse desde el sentido común.

Esto se aguantó hasta el año 2008, cuando esa combinación de factores generó una baja significativa de la producción que el gobierno compensó con subsidios al consumo, lo que condujo a un gasto en ese rubro del 1% del PBI del presupuesto nacional. Ahí fue cuando apareció esta idea de la "argentinización de las empresas", que era otra instancia más de aislamiento por la que se pensaba que podía extender la separación del mercado interno del externo respecto del internacional, recurriendo a empresarios locales más determinados a escuchar las pretensiones oficialistas.

Kirchner quería evitarse el disgusto de la gente por abonar lo que correspondía pagar por la energía, así que extendió sin límite la medida de los congelamientos de precios y su reemplazo por subsidios por razones estrictamente políticas que, como ocurre invariablemente, terminan por dañar la economía en el largo plazo y a las aspiraciones políticas del gobierno que se embarca en ese curso de acción. La caída en la inversión fue la consecuencia de pretender tener un mercado aislado del resto del mundo porque llevó al capital disponible, siempre escaso, a elegir otros rumbos. El volumen de los subsidios y compras de combustible hizo que estas operaciones se convirtieran en una de las principales vías de drenaje financiero del Estado.

En un informe del año 2015 sobre el sector realizado por la Fundación Norte y Sur, presidida por el economista Orlando Ferreres, se puntualizan los problemas que esta área de la producción experimentaba como consecuencia de estos errores:

Se estima la necesidad de establecer una adecuada política energética la cual genere un importante proceso de inversiones que permita poner en valor al sector energético argentino a fin de recuperar el fuerte deterioro sufrido tras años de un contexto político-económico populista con fijación de precios políticos alejados de un mercado internacional y de los costos reales de producción de energía, creciente gasto público y partidas presupuestarias agotadas por la magnitud de los subsidios otorgados en el sector y escasez de divisas como consecuencia del balance comercial externo de energía negativo al que se arribó por las crecientes importaciones luego de la pérdida del autoabastecimiento.

La explicación de lo que le ocurrió a YPF, por lo tanto, no tiene ninguna complejidad ni requiere explicación conspirativa alguna; está resumida en ese párrafo. El resto es la desesperación de un gobierno populista que, en el año 2012, luego de haber agotado el capital de la economía en general —puertos, aeropuertos, caminos— y de las empresas privadas, de haber expoliado los fondos de las administradoras de fondos de pensión (AFJP), creyó que encontraría en la petrolera otro camino fácil para hacerse de una caja. Es absurdo explicar los dilemas que enfrentó el país en ese período como el de una política energética, sino que hay que hacerlo en la inconsciencia absoluta entre la aspiración de incrementar la producción, la carencia de un marco jurídico que brinde seguridad al capital, certeza a los contratos y precios libres y, por otro lado, incentivar al sobreconsumo. Es el abc de la organización económica lo que falló, no el conocimiento técnico de un mercado en particular.

El informe de Norte y Sur muestra el vínculo entre la caída de la producción y el alejamiento de los precios internos respecto de los internacionales, que hizo que Argentina haya pasado del ansiado autoabastecimiento energético en 1988, gracias a un marco jurídico favorable a la producción y el comercio, a perderlo a partir de 2008/2009 y terminar la era kirchnerista importando el 23% del combustible consumido.

En el año 2008, cuando las consecuencias empezaban a verse dramáticas, se eligió recurrir a este subterfugio de la *argentinización*, para lo que no siempre se encontró candidatos. Como las empresas no podían operar en la arbitrariedad, el subóptimo fue establecer una cercanía con el poder, una seguridad política en reemplazo de la seguridad jurídica. Desde el punto de vista de la empresa privada, algo perfectamente entendible. Ellas no elegían el marco, solo les tocaba buscar la situación menos desfavorable dentro de él. Cada uno es libre de juzgar que en realidad debieron sacrificarlo todo para sostener principios que, como se vio, no interesaban ni al Gobierno ni a la oposición, pero distinto es apostar recursos propios o incluso la continuidad laboral del *management* empresario.

En los hechos, *argentinizar* significaba que, en lugar de que las empresas que estaban trastabillando por la extensión del intervencionismo fueran estatizadas como se suele hacer muchas veces cuando el Estado las hace fracasar con sus políticas invasivas, se forzaba la entrada de algún grupo local que fuera más permeable o estuviera más a tiro del Gobierno para cumplir sus objetivos. Para Kirchner significaba que no debía desembolsar grandes cifras del presupuesto que costaría la expropiación y era lo suficientemente inteligente para saber que el estatismo a la vieja usanza era un salvavidas de plomo.

En ese contexto, Repsol, que se veía impedida de ejercer su derecho a exportar sus dividendos por YPF y a manejarse con precios normales, decidió convertir esas dificultades en una oportunidad y buscó su propio socio *argentinizador* en el Grupo Petersen, un holding con cien años de historia en el país que había ganado la licitación de varios bancos provinciales en los noventa, de donde se había entablado una relación con los Kirchner porque entre esos bancos se encontraba el de Santa Cruz.

El arreglo de Repsol y Petersen se llevó a cabo entre Antonio Brufau, presidente de YPF, y Enrique Eskenazi por el grupo argentino. Consistió en poner a Petersen a cargo del gerenciamiento de YPF y en la transferencia en dos etapas en su favor del 25% del capital. A Repsol se le permitiría correrse del trato con los funcionarios del Gobierno y flexibilidad a la hora de exportar dividendos. Se lo aseguraba permitiendo a Petersen utilizar sus propios dividendos para pagar parte de las acciones adquiridas y financiadas, en parte, por la propia Repsol y otro tanto por un grupo de bancos. Néstor Kirchner bendijo la transacción y Repsol se puso a resguardo de sus iras.

De ahí se derivaron todo tipo de suspicacias sobre una supuesta asociación entre los Kirchner y Repsol, pero lo cierto es que al final de esta historia se produce la estatización del 2012 y la intervención, pasando por encima de los intereses de los Eskenazi. Sin embargo, los críticos de la *argentinización* no vieron en ese hecho una refutación de esta asociación, sino que interpretaron, fundamentalmente Carrió, que hasta la misma estatización era una mascarada para beneficiar a Repsol.

Más allá de esas suspicacias, lo que está equivocado es la consecuencia patrimonial que se imagina de un arreglo que nunca se podría probar. No se jugaron intereses estatales en esa transacción. Si nos atenemos a los hechos que conocemos, a saber, que Repsol fue corrida de la peor manera y los intereses del Grupo Petersen terminaron en un concurso en España, que la primera nunca se quejó de la *argentinización*, ni antes ni después de salir de la Argentina —y que además tomó la iniciativa de proponerla—, la interpretación más normal y menos rebuscada es que este mecanismo fue un *trade off* inteligente, al menos en el corto plazo, para resolver una situación política complicada en favor de los intereses de la compañía.

Sin embargo la obstinación con la primera tesis conspirativa fue tal que incluso el buen trato entre los directivos de la empresa española y sus socios argentinos que quedó manifestado en la publicación de cartas entre Antonio Brufau y Sebastián Eskenazi en términos mutuamente elogiosos, para María Eugenia Estenssoro fue la prueba del "pacto vaciador" y no el indicio de que Repsol no había llegado a ese arreglo más que porque lo consideró conveniente (Estenssoro, 2019).

¿Es normal que una empresa tenga que hacer esto para subsistir? Por supuesto que no; como no lo es que un barrio tenga que contratar seguridad privada para no verse acosado por la delincuencia. Simplemente no se la puede demonizar por proteger el patrimonio empresario. Normal sería que, dado que en Argentina formalmente rige el derecho de propiedad de acuerdo al artículo 17 de la Constitución Nacional y la libertad de comercio e industria de acuerdo al artículo 14, las empresas decidieran su política de inversión, precios y reparto de dividendos con libertad y que los legisladores fueran guardianes de esos derechos. Pero, si no es así, las empresas tienen que tomar las decisiones que son acordes a las circunstancias que tienen que atravesar, con mayor razón si las fuerzas políticas principales parecen estar de acuerdo en aceptar que rija la arbitrariedad. No tiene sentido alguno que desde ese mismo sistema político después se pretenda endilgar a Repsol o Petersen el hecho de adaptarse a circunstancias que no crearon, del mismo modo que la empresa de seguridad o el barrio privado no son responsables de la inseguridad. Y lo más absurdo es que de eso se pretenda inferir que se los puede expropiar sin indemnización o sin que el expropiador asuma sus obligaciones frente a los accionistas minoritarios, atribuidas por el propio Estado al emitir las acciones.

Esto último es lo más importante. Se hacen unos juicios morales infundados y se los quiere hacer pesar para evitar la indemnización en la expropiación. A los efectos de la economía nacional, es pérdida de confianza y con ella de crédito, en volúmenes mucho mayores a los que se pretende ahorrar amañando las interpretaciones.

Lo cierto es que Repsol tenía derecho a retirar dividendos y sacarlos del país y hace falta aclararlo porque en Argentina se considera que irse de su cada tanto reeditada jungla económica es una *fuga de capitales*. No es el escape de un prisionero a disposición de la ley; es el derecho de propiedad de quien invirtió un capital propio y en todo o en parte lo retira o hace lo propio con sus beneficios. En el único sentido en el que la metáfora de la huida podría utilizarse sería en el de ser perseguido por un Estado voraz y destructor de valor, y es precisamente el caso. Al subirse por sí misma al carro de la *argentinización*, Repsol preserva al capital y a los accionistas. El capital y los accionistas son los que hacen posible la operación de toda la empresa y su perdurabilidad más allá de gobiernos más o menos agresivos con la libre empresa.

A su vez no existiría beneficio alguno para el público en que los empresarios atentaran contra su capital en función de objetivos colectivos de la sociedad definidos o no por los políticos. Cuando el kirchnerismo asaltó la empresa, eran los privados quienes estaban en verdad cuidando su patrimonio del saqueo público. La lógica conspirativa para analizar la vida empresaria en un país como Argentina no tiene sentido. Se limita esta crítica en general a deslegitimar el objetivo de los particulares en función de un aparente deber patriótico que no es más que una emocionalidad inconducente basada en el suicidio de un tercero. Lo que no se entiende es que, si no hay una intromisión del Gobierno en asuntos económicos de los ciudadanos o empresas, de todas formas estos saben cómo producir.

No hay conflicto de intereses sino confluencia entre lo que llamamos "país" y los particulares en una economía de mercado. Lo más importante a entender para alguna vez reconstruir el sistema jurídico de la economía argentina, es que ese nacionalismo populista no es la defensa de la patria, sino una forma muy irracional y perjudicial de entender un tipo de interés nacional basado en el capricho del Estado y no en los intereses de la gente de carne y hueso que habita en su territorio. Es una visión particular sobre la nación derivada de varios malos entendidos históricos y, al final, un subterfugio para el más crudo oportunismo político.

El problema con cerrar la puerta de salida del capital lo explicó mejor que nadie Alberto Fernández, cuando era candidato a presidente por el Frente por Todos, junto a Cristina Kirchner como vice en la fórmula que finalmente triunfaría el 27 de octubre de 2019. Habrá que ver si, como presidente, demuestra que esa comprensión fue real. Cuando se le preguntó por el control de cambios que el gobierno de su ahora candidata a vicepresidente había implementado, conocido como "cepo", dijo que había sido un error, que operaba de la misma manera que una piedra puesta en una puerta giratoria para impedir que la gente salga y que tiene como efecto necesario que tampoco se pueda entrar. Aunque el ejemplo es bueno, es incluso peor que eso, porque la piedra implica la imposibilidad de entrar, cuando en realidad obstaculizar la salida hace que nadie siquiera tenga interés en ingresar.

Esto ocurre con cualquier medida autoritaria en materia económica. Se puede sacar provecho de los stocks, pero, a la vez, se destruye al flujo, que es lo más importante. Fue por eso que impedir la salida de capitales empobreció al país en su infraestructura durante los doce años de aquella facción en el gobierno.

La simbiosis entre Repsol y Petersen sirvió como un puente para que YPF no fuera directamente asaltada u obligada a dilapidar su capital en proyectos ruinosos. Lo que no previeron ambos grupos empresarios fue que al final la señora Kirchner y su alocado viceministro de economía optarían por el asalto directo, porque YPF no aceptaba comportarse directamente como una empresa estatal que considerara optativos a los números, ni que eso sería recibido con indiferencia por una sociedad argentina que nunca se entera del daño que le hacen los especialistas en excitarla.

El Grupo Petersen había intentado años antes entrar en el negocio petrolero, sin suerte, cuando adquirió la firma INWELL S.A., con la que se había presentado en tres licitaciones de áreas en Santa Cruz que no lograron ganar y que se adjudicaron a Oil M y S (Cristobal López) y Epsur (Lázaro Báez). Fue Antonio Brufau quien ofreció a Enrique Eskenazi ser su socio *argentinizador* después de haber considerado otras cinco posibilidades. Las negociaciones duraron un año, y para los Eskenazi, que estaban intentando meterse en el mercado petrolero, fue como un regalo caído del cielo, aunque al final la aventura les resultaría ruinosa.

El grupo elegido para el *management* representaba lo que Brufau definía ante los socios de Repsol como "especialistas en mercados regulados", que era la admisión de que la cambiante Argentina requería un tipo de manejo que la compañía española no tenía. Hay que saber cómo lidiar con la arbitrariedad de nuestros gobiernos; eso es lo que esa especialidad quería decir, y no es un problema de los especialistas sino de los que crean la arbitrariedad.

La *argentinización* le permitió a YPF complacer requerimientos políticos de inversión, pero, a la vez, cuidar el patrimonio de la empresa. Esto último es lo que al final de la crisis no fue perdonado, valiéndose del artilugio de que la compañía era *vaciada*. Cualquiera sea la opinión sobre las empresas por la *argentinización*, en ningún caso eso significa el derecho del Estado argentino a esquilmarlas. La falla del plan de estos socios probablemente estaba en no considerar que la política seguiría aumentando sus exigencias imposibles de cumplir.

En ese período, YPF aumentó sus inversiones en materia de combustibles líquidos, pero no en gas, debido al excesivo alejamiento de los precios regulados respecto de los reales. En esa época se pagaban 2 dólares por millón de BTU[2], mientras se importaba a USD 10 de Bolivia o a 16 en forma líquida en barcos.

---

[2] Unidad térmica británica. Es la cantidad de calor necesaria para aumentar en 1 grado Fahrenheit la temperatura de una libra de agua en su máxima densidad (aproximadamente 39° F). Un millón de BTU (MM BTU) equivale a 27,8 m3 de gas.

Es importante desmistificar la *argentinización* porque después se la utilizó como un subterfugio para la confiscación. El intercambio de acciones no fue gratuito en los términos en los que lo reflejó la prensa y el debate político. Repsol y el Grupo Petersen acordaron la compra por este último en dos etapas de un 25% de las acciones de YPF S.A. Parte fue financiada por un grupo de bancos y parte por la propia vendedora, con la garantía de futuros dividendos. La operación no mereció objeciones ni de la Comisión Nacional de Valores, ni de la Securities and Exchange Commission (SEC) de Estados Unidos, ni de la Comisión Nacional del Mercado de Valores (CNMV) de España, que intervino porque la adquisición se hizo por medio de dos empresas radicadas en España por exigencia de los bancos que financiaron el compromiso, para que no quedaran alcanzadas por el default de la deuda argentina. Al ser acciones con cotización en Buenos Aires (BA) y en New York (NY), toda la información y documentación es pública (SEC.report, 2008).

Tanto en ese momento como al despertarse la furia expropiadora y hasta al discutirse el reclamo derivado de la estatización en New York por los representantes del Estado argentino designados por el gobierno de Mauricio Macri, se hizo mucho hincapié en que Petersen "no puso un peso" en la operación, en una visión tan estrecha de los negocios que solo se la encuentra en la política, pero también fue acompañada por los comentarios periodísticos. En primer lugar, la conveniencia mutua de la transacción es algo que para el Estado o los comentaristas les es por completo ajena. Si de verdad se hubiera tratado de una operación gratuita, habría sido una cuestión de estos dos grupos empresarios y de nadie más. Pero es absurda la explicación de todos modos. Petersen puso dos cosas que deben entenderse como contraprestación a las acciones que recibió. La primera, el aporte del *management* para salvar a YPF de su destino fatídico de chocar con el descontrolado Néstor Kirchner y, a su vez, generar los dividendos que le interesaban a la empresa española para invertirlos en otros negocios en países menos dirigistas y satisfacer las inversiones exigidas por el gobierno. Decir que tal cosa es gratis es tan infantil como pensar que un aporte profesional a una firma se hace sin poner un peso, que por supuesto es así porque la empresa paga un servicio. Lo segundo que puso Petersen fue el compromiso de su crédito ante bancos internacionales.

Lo que los representantes de la política argentina terminaron repitiendo acerca de la supuesta gratuidad de la operación era similar a confundir la compra de una casa mediante una hipoteca con haberla recibido en donación. Que parte del crédito fuera dado por la propia Repsol a costa de dividendos es el reaseguro de que Petersen conseguiría sus acciones si generaba los dividendos. Los compromisos económicos están tan claros que las empresas constituidas en España para respaldar toda la cuestión terminaron concursadas cuando el Estado confiscó YPF e hizo imposible la continuidad del convenio.

De cualquier manera, el problema principal no es buscarle el pecado a la parte privada, sino desviar la atención de las condiciones absurdas que se le imponían al Estado, algo que venía extendiéndose desde el año 2002. Estos reproches no hacían más que *esconder al elefante* y servir como argucia para la estatización.

Un poco antes de que el grupo Petersen ingresara en YPF, se había desarrollado la llamada "crisis del campo" cuando, en su afán por mantener a la economía argentina aislada del exterior, el gobierno de Kirchner había intentado implantar un sistema de retenciones a las exportaciones agropecuarias móvil para quedarse el sector público con una mayor proporción de estas exportaciones si el precio internacional subía. Esa porción para el fisco podía llegar en algún caso al 95%. La medida desató una rebelión del campo en todo el país, con cortes de ruta y tumultos que los medios de comunicación, hasta entonces completamente subordinados a los deseos e intereses del oficialismo, mostraron. Los Kirchner interpretaron que, si los medios mostraban esta mala noticia, los estaban traicionando, porque en buena medida venían ahorrándole al oficialismo muchas otras. Ahí comenzó el enfrentamiento que tuvieron con el principal grupo de medios, Clarín.

Mientras se desarrollaba este enfrentamiento, ya en el gobierno de Cristina Kirchner había algo que los críticos siempre repetían a la hora de oponerse: que ellos, a pesar de no estar de acuerdo con el gobierno, no defendían a Clarín. Tomaban distancia para no quedar manchados como partícipes de las cosas que el gobierno usaba para ensuciar al grupo, como que la señora de Noble, la principal accionista, se había apropiado de sus hijos adoptivos que supuestamente eran hijos de desaparecidos, lo cual se demostró luego que era totalmente falso. Pero no hacía falta demostrar nada. Era obvio que la acusación era oportunista y que aceptar la sospecha diseminada por el aparato de propaganda estatal era una forma de complicidad.

Clarín tiene varios pecados en su origen, durante la primera época peronista. Fue la expresión del mundo empresario cortesano que se hizo "nuevo rico" en aquel período. Después Clarín fue promotor principal de la devaluación y ruptura de la convertibilidad para zafar de su propio endeudamiento en dólares. Se lo salvó de quedar en manos de sus acreedores extranjeros dictándosele una ley a medida que hablaba de que los diarios eran "bienes culturales" que no podían quedar en manos foráneas, impulsada por el senador Miguel Ángel Pichetto, que después sería candidato a vicepresidente de la fórmula de Mauricio Macri. *Clarín*, además, se había hecho socio del Estado junto con *La Nación* en la Constitución de un monopolio del papel de diarios en Papel Prensa, con el cual ahogaban a sus competidores con la complicidad del Estado, situación que perjudicó sobre todo al diario *La Prensa,* al cual Perón destruyó, a pesar de ser el periódico más importante del país, y de lo que nunca se recuperó. *Clarín* también fue el primer diario kirchnerista, como antes fue el diario militarista y después sería el diario macrista. Es decir, su historial estaba muy lejano de ser ejemplar, pero esta apelación a "no soy defensor de Clarín" tenía una connotación muy distinta que es importante referenciarla como muestra de hasta qué punto se inventarían *pecados* del sector empresario de manera oportunista para ayudar al Estado a concretar más arbitrariedades.

Ese "correrse" era un crédito dado a la argucia del ataque mediante una toma de distancia. Decir "yo no defiendo a Clarín" no era un juicio general acerca de cómo era Clarín, sino una concesión al poder que lo atacaba, actitud que se ha visto repetida en muchas persecuciones antes y después de eso. Por eso tampoco se defendió a Repsol ni luego a los socios minoritarios. Me tocó aclarar ante cada entrevistado con el que hablaba del tema en mi programa de radio *Esta lengua es mía*, en ese entonces en *FM Identidad*, que yo sí defendía a Clarín, porque lo hacía respecto de un ataque específico injusto al que no le atribuía la más mínima credibilidad; no se trataba de una adhesión sin más a su historial. No por cómo fuera Clarín en sí, sino por la naturaleza injusta del ataque y porque lo único que buscaban los Kirchner era acabar con la crítica y la información inconveniente.

Lo menciono porque esto es lo que siempre ocurre cuando hay que defender a la empresa privada de los avances estatales. Nuestra intelectualidad *estadólatra* y políticamente correcta, tal vez influida por la tradición española católica antilucro, considera que defender a una empresa es algo poco digno, aunque se nos vaya la vida por falta de condiciones para que las empresas generen nuestros sueldos, compren nuestros productos y nos provean de otros. Hay un modismo que parece venir de algún complejo de aristocracia alejada del contaminante dinero, que es el caldo de cultivo para la generación de olas emocionales que se desatan de tanto en tanto para permitirle al Estado aplastar a los empresarios ante la indiferencia general. También pasó en este caso. El chivo expiatorio siempre es la empresa. La sospechosa es la empresa, que para colmo en este caso es extranjera, no el Estado y la mentalidad argentina sobre los negocios. Ella es la que tiene ambiciones desmedidas, no los políticos, no los justicieros. Ellos siempre están justificados en sus intenciones altruistas. Así que, cuando aparecen las olas emocionales, está tan mal visto ponerse del lado de las empresas y es tan gratuito ponerse en favor de los falsos justicieros, que la balanza siempre está inclinada contra la propiedad privada y nadie parece medir nunca cuánto daño directo se hacen a sí mismos los argentinos por asistir impávidos como espectadores a masivas destrucciones de valor. Por eso los cuestionamientos a la *argentinización* se reducen a las empresas y al hecho de que YPF repartiera dividendos. Es evidente que era mutuamente beneficioso para las partes. Las compañías que cotizan en bolsa son sometidas a reglas de control en resguardo de los tenedores de títulos incluso para repartir dividendos y, en este caso, se cumplieron.

El problema estaba en otra parte. En lugar de pensar cuáles eran las condiciones impuestas al mercado para que en un país que importaba petróleo y gas la principal empresa del área repartiera beneficios en lugar de invertirlos para aumentar sus utilidades, la política puso el ojo censor en las empresas privadas. Querer *escapar* es sospechoso, no el caos del marco regulatorio opresivo.

Así fue que, de entrada, figuras de la oposición creyeron ver en el proceder de Repsol un plan maléfico para que el aumento de las utilidades les permitieran la "genialidad" de hacer ver el rendimiento de la empresa inflado, como si una maniobra semejante no hubiera despertado las alarmas de la SEC, pero ni siquiera hubo una denuncia ante ese organismo. ¿No habría sido un plan mucho mejor aumentar la producción y hacer crecer a la firma a los ojos de los compradores de acciones? ¿O acaso Repsol compró YPF en 1999 para esperar la pesificación asimétrica y armar esta fantasiosa hipótesis delictiva?

A la vez que la declinación de la compañía fue vista como el resultado de la negligencia de su *management,* ¿podríamos tratar de criminal al hecho de que los funcionarios estatales tampoco lograran con su gestión el resultado que querían? Solo tendríamos que remitirnos al valor de la compañía para comprobarlo.

YPF está obligada a presentar estados contables trimestrales y anuales, y los mismos son auditados por consultoras especializadas internacionales. Desde que se llevó a cabo la operación entre el Grupo Petersen hasta la estatización (7 de marzo de 2008 al 16 de abril de 2012), YPF no recibió ningún tipo de cuestionamiento de las auditorías.

Las suspicacias también apuntaron al hecho de que la adquisición de acciones por Petersen se hiciera a través de empresas del exterior. La Argentina se encontraba entonces en *default* y el crédito otorgado para este negocio era de una magnitud muy importante, por lo tanto, los bancos que aportaron la parte de los fondos que no fueron financiados por la propia Repsol exigieron con toda razón que la operación fuera realizada fuera de la plaza local. La transacción se realizó por transferencia de títulos representativos de acciones (ADR) y contratos de "Registration Rights Agreement" en los que se acordó la aplicación de la ley del estado de Nueva York.

También se malinterpreta mucho lo que significa una cesión de jurisdicción y cuál es su utilidad. Lo mismo sucede con los títulos de deuda emitidos por el Estado argentino que fueron *defaulteados* y que llevaron a litigar en aquella jurisdicción. Al final, cuando el Estado incumple, se toma aquello como una afrenta, y el tipo de incomprensión de la realidad de las intenciones, motivos y consecuencias es muy similar al de toda la realidad de YPF que lleva a su estatización. Al ceder jurisdicción, se le otorga al contrato eso que Axel Kicillof no comprende, que es seguridad jurídica, que sirve para que el costo de transacción disminuya. Cuanto más seguros sean los contratos en cuanto a que el incumplimiento acarreará las consecuencias acordadas, mayor margen tiene el que corre el riesgo de reducir sus expectativas de contraprestación (tasas en el caso de la deuda) y que sea más barato para quien las recibe.

Las inversiones tienen riesgos asociados a la suerte de las partes o a sus aciertos y errores; a eso se le suma la firmeza o endeblez de las instituciones que hacen cumplir los contratos. Gobiernos como el argentino no ofrecen tales seguridades y, por lo tanto, hacen imposible para las partes asumir el costo del tipo de riesgo que ofrecen sus instituciones. Aquí se ve cómo un negocio puede hacerse porque es posible sacarlo del marco institucional de un país en *default*. El mercado también provee seguridad jurídica para empresas que funcionan en países salvajes y lo hacen mediante la cesión de jurisdicción hacia una plaza seria, en la que después todas las argucias emocionales nacionalistas no tengan efecto alguno.

Pero no es solo el extremo del *default* el problema. La ola emocional nacionalista hace que el derecho, la autonomía contractual y los intereses del sector privado estén permanentemente sometidos a la posibilidad de un asalto de apariencia justiciera. Por lo tanto, los márgenes de ganancias tienen que ser superiores, y parte importante del gerenciamiento que necesita la empresa en un país como la Argentina consiste en lidiar con las reglas de juego y quienes las dictan. Los promotores de estos movimientos emocionales son precisamente los que expulsan cualquier aventura ambiciosa a ser acordada fuera de su jurisdicción.

Lo que debería avergonzarnos es que la Argentina no ofrezca garantías para el sector privado, pese a la Constitución que tiene. En cambio, para esta solución de ceder jurisdicción hacia una plaza más segura se termina usando una descalificación, como una justificación extra para excitar a la corriente emocional que barre con todo. Interpretan como motivo de sospecha adicional que se evite litigar eventualmente ante los tribunales del país. Pero la única realidad es que la bolsa de valores de Nueva York ofrece garantías jurídicas y por eso atrae capitales de todo el mundo.

Con ese espíritu, las autoridades argentinas durante el litigio con los *holdouts* del *default* de su deuda pública se quejaban de la intervención de la Corte del Segundo Distrito de New York, en ese entonces a cargo del fallecido juez Thomas P. Griesa; tribunal que es más antiguo que la propia Corte Suprema de Justicia. La razón de la queja era que lo que en esa plaza se acuerda se cumple sin remedio emocional alguno. Los políticos argentinos no fueron capaces de reparar en que esa seguridad jurídica es el secreto por el cual se consiguen tasas de interés más bajas, por reducir el riesgo para el inversor. Nos hemos convertido en un país malcriado e infantil que cree que con berrinches cambiará las condiciones de los países adultos. Se repitió el mismo razonamiento luego al discutir el reclamo como accionista de Petersen que adquirió Burford Capital para reclamar tales derechos ante al mismo tribunal.

Tal es, dicho sea de paso, la relación directa entre seguridad jurídica y el costo de vida. Es la misma razón por la cual todo profesional o comerciante necesita inspirar confianza y hacerse una fama de cumplidor. Facilita así la posibilidad de tener clientes y acrecentarlos. La política emocional estatista es como un maltrato épico a todos los socios y clientes a los cuales se les pueden quitar sus beneficios y derechos una vez, con la inevitable consecuencia de cavarse el país la fosa para la próxima oportunidad y tornar la vida de los argentinos más y más cara y difícil cada vez. El populismo es el imperio absoluto del corto plazo.

No hay inteligencia alguna en ese nacionalismo. Distinto es el caso en situaciones en que el país tenga razón de acuerdo a las leyes y los contratos asumidos, donde nunca se le cargará el ejercicio de sus derechos de forma regular y su defensa cuando corresponde objetivamente. El secreto es apegarse a reglas y no a intereses del momento que ni siquiera tienen en cuenta los de largo plazo. Que se pretenda el cumplimiento de reglas no daña la seguridad jurídica, pero sí esa permanente subjetividad basada en la relación sentimental con una entelequia esgrimida de modo oportunista que, si se examina bien, es meramente usada en función de espasmos políticos demagógicos del momento.

LO QUE VIO LA PRENSA

Concomitante con la *argentinización* ocurrió aquel rompimiento de los Kirchner con los grandes medios que hasta la crisis del campo se habían atenido al relato oficial. Esto también arrastró a la prensa a un enfrentamiento con YPF como el que ocurrió con el diario *La Nación*, que se agravó por la disminución de la pauta publicitaria con que la firma respondió a la posición editorial del diario. Por esa razón, cuando llegó la estatización, esas rencillas estaban en el primer plano y la cuestión jurídica, institucional y económica, quedaron totalmente confundidas en una pelea casi personal.

En su punto más alto, Julio Saguier, presidente del diario *La Nación*, le envió una carta de reclamo por el retiro de publicidad sustentada en la trayectoria del diario, presentando él la inversión en avisos como una obligación cívica del cliente. El episodio sirve para comprender cómo la política oficial terminó enfrentando a YPF con los medios y como éstos adoptaron una postura de condena a los socios privados que no hizo más que facilitar el posterior asalto estatal.

En este enfrentamiento, YPF llegó a publicar una solicitada (2009) en respuesta a lo que se publicaba, fundamentalmente contra lo firmado por Carlos Pagni:

SOLICITADA

YPF frente a las mentiras

En los últimos días, YPF se vio afectada por un video en el que se registran imágenes de reuniones donde supuestamente se busca dañar a la compañía.

Sin perjuicio de la denuncia que se ha presentado en la Justicia, YPF S.A. desea ratificar públicamente su compromiso con las instituciones democráticas, la libertad de expresión y el ejercicio del periodismo independiente, y repudia los métodos extorsivos e ilegales en cualquiera de sus expresiones.

No obstante, frente a las afirmaciones formuladas por el columnista Carlos Pagni en la edición de *La Nación* del sábado 17 de octubre, YPF se ve obligada a realizar algunas aclaraciones:

5 de enero de 2009. "Otro dilema para Kirchner". Dice Pagni en *La Nación*: "En la ANSES estudian

ahora una asistencia a YPF, que en febrero debe rescatar un bono por 240 millones de dólares".

Falso.

Nunca ocurrió lo que el columnista sostiene en su nota. YPF pagó en término el bono y lo hizo con fondos propios, tal corno estuvo previsto desde el principio. La información fue publicada profusamente en todos los diarios nacionales, como también consignó el diario *La Nación* el 24/2/09, lo que vuelve más "extraña" la consideración de Pagni. El bono fue de 225 millones de dólares y no de 240, como consigna Pagni, un error de 15 millones de dólares.

23 de mayo de 2009. "Un espejo que refleja la próxima fase del modelo". Dice Pagni en *La Nación*: "Hubo hipótesis menos afiebradas. La más común, que PDVSA podría comprar a los Eskenazi la deuda que contrajeron para adquirir su

participación en YPF, presume que esa familia kirchnerista quiere alelarse del negocio petrolero".

Falso.

Esa hipótesis "menos afiebrada" de la que habla Pagni hubiera sido desestimada de plano si Pagni hubiera consultado a alguna autoridad de YPF.

25 de mayo de 2009. "Las quejas contra Chávez esconden el miedo a los planes de Kirchner". Dice Pagni en La Nación: "Ni el 'experto en mercados regulados' Sebastián Eskenazi duerme tranquilo. Ingresó en el negocio petrolero gracias a Kirchner, pero YPF ya no le garantiza los dividendos necesarios para saldar la deuda que contrajo con Repsol por las acciones compradas a Repsol (sic). Eskenazi está tentado con salir de YPF. Hay un fantasma que recorre la empresa: la entrada de Enarsa, que podría comprar una

participación a Repsol, acaso con fondos venezolanos".

Falso.

Sebastián Eskenazi jamás pensó en retirarse de YPF y nunca estuvo en riesgo el pago de los créditos. Enarsa no ingresó como accionista.

15 de junio de 2009. "En el reino de Kirchner, el mercado es él". Dice Pagni en *La Nación*: "Durante 2008, YPF distribuyó entre sus accionistas 9700 millones de pesos. (...) La petrolera es una sociedad entre Repsol y la familia Eskenazi, a cuyas manos fue el 15% de aquellos $9700 millones. Los Eskenazi están pagando su participación en YPF con dividendos de YPF".

Falso.

Pagni habla de una distribución de dividendos por 9700 millones de pesos en 2008. Omite señalar que se trata de la suma de dividendos de dos años. Y, tan grave como ello, se equivoca en 414 millones de pesos. Es información pública.

Dice Pagni en esa misma columna de *La Nación*: "Entre el primer trimestre de 2009 y el mismo periodo de 2008 la rentabilidad de YPF cayó 57,4%. Para enfrentar ese retroceso, Sebastián Eskenazi dispuso un fenomenal recorte en la inversión y en el gasto. (...) Detrás de la crisis mundial intenta ocultarse el balance de la aplaudida argentinización de YPF".

Falso.

Pagni prefiere adjudicar esa caída a "la aplaudida argentinización de YPF" y no destacar que en el periodo citado todas las petroleras registraron caídas de ingresos muy superiores, de hecho, mientras YPF solo redujo sus utilidades, una de sus principales competidoras en el país perdió dinero. Esa información fue publicada el 7/5/09 en todos los medios de la Argentina, incluido el diario *La Nación*, donde escribe Pagni.

Respecto de las inversiones, 2009 es el año en el que se iniciaron las mayores inversiones de la compañía.

6 de julio de 2009. "La desvariada política energética". Dice Pagni en *La Nación*: "Los españoles enviaron formidables remesas a sus alicaídos accionistas de Madrid. El año pasado retiraron 8200 millones de pesos".

Falso.

Pagni eleva en 389 millones de pesos el envío de las remesas a Madrid y vuelve a cometer un grosero error al omitir que se trata del consolidado de dos años.

Dice Pagni en esa misma columna de *La Nación*: "La

familia Eskenazi tal vez migre de YPF".

Falso.

Nunca se analizó la salida del grupo de la petrolera. Y, de hecho, no ocurrió.

Carlos Pagni escribió durante los últimos diez meses once artículos en el diario *La Nación*, en los que parece querer erosionar la imagen de la compañía y de sus accionistas.

Resulta curioso que sea el propio Pagni quien admita que un exdirectivo de YPF como Fabián Falco haya sido el nexo con nefastos personajes que tenían como único objetivo aportarle "información sobre la familia Eskenazi".

Desde noviembre de 2008, cuando Fabián Falco dejó la compañía, Pagni jamás se comunicó con ningún representante de YPF a fin de validar su información, como lo

establece el "Manual de estilo"
del diario *La Nación* y las más
elementales reglas de la
profesión.

Todo tiene un límite. A Pagni lo
desmiente la realidad.

Más allá de las diferencias en la información, lo
que este enfrentamiento deja claro es que YPF quiso
despejar el conflicto con el gobierno mediante aquella
argentinización y quedó en el medio del que el
kirchnerismo había abierto con los medios, lo que luego
sería determinante a la hora de juzgar objetivamente el
hecho de la estatización y las razones del fracaso del
mercado energético. Todo lo que no quedó nublado por la
confusión emocional nacionalista quedó encerrado en una
batalla de información que facilitó el desastre.

La carta del director del diario introdujo otro
elemento distorsivo: un conflicto por la cuenta publicitaria
de la compañía con *La Nación*:

Buenos Aires, 26 de mayo de
2010

Señor Vicepresidente del
Directorio de YPF S.A.

Dr. Enrique Eskenazi

Macacha Guemes 515, piso 32°

PRESENTE

De mi mayor consideración:

Molesto su atención a fin de ponerlo en conocimiento de una inquietud de la sociedad editora del diario *LA NACION*, cuya presidencia ejerzo. Se trata de la política instrumentada de un tiempo a esta parte por las autoridades de YPF a raíz de la cual *LA NACION* ha sido excluida, de manera sistemática, de sus pautas publicitarias en los medios de comunicación del país.

Según informaciones oficiosas provenientes de YPF, el motivo de la discriminación sería el malestar que habría ocasionado entre las autoridades de la empresa bajo su dirección alguna cobertura periodística de nuestro diario en relación precisamente con YPF. Se nos ha hecho saber, en tal sentido, que el fastidio estaría referido, en particular, a una serie de notas en las que un

> columnista del diario se ocupó de las actividades YPF y a las que la empresa respondió, en octubre último, con una solicitada publicada en todos los diarios de la ciudad de Buenos Aires. Entre ellos, *LA NACION*.
>
> Nos cuesta imaginar que, a partir de la modificación del cuadro societario de YPF, se haya pasado a considerar la publicidad como una herramienta capaz de condicionar al periodismo en sus informaciones u opiniones sobre la empresa avisadora. Es difícil imaginarlo por lo que supone aceptar un criterio de ese calibre.
>
> Julio Saguier

Un gran tema del momento son las *fake news*, pero el periodismo argentino está alterado con interferencias políticas y económicas cruzadas desde hace mucho tiempo. El último diario que denunció esta situación fue *La Prensa,* en la época en que era propiedad de la familia Gainza Paz, y las razones son muy similares a las que influyeron en la actitud del país hacia YPF. Desde el avance al estatismo en la década de los cuarenta y luego de la expropiación por Juan Perón del diario *La Prensa,* se fue armando un modelo de empresa periodística atada a la publicidad oficial y que por lo tanto tenía arte y parte en los conflictos políticos.

El asunto de Papel Prensa, la sociedad del Estado que monopolizaba la producción de papel de diario en asociación con *Clarín* y *La Nación,* fue como un moño puesto a todo el proceso de transformación de la prensa en un apéndice estatal y de la política donde todo es *operar* por intereses que se mueven alrededor del Estado y capturar los fondos públicos que se invierten en publicidad innecesaria para el "cliente" (sobre todo a partir de internet), pero que es la principal fuente de ingresos de los medios. Cuando las empresas del Estado se privatizaron, ese mercado sufrió un gran cimbronazo. Tal vez eso explique el permanente bombardeo contra las reformas hechas durante la década del noventa y la alimentación de las teorías conspirativas sobre las privatizaciones. Argentina es un país que parece encerrado en sucesivas capas de resentimientos innecesarios.

Si se observa la carta de Saguier, pareciera como si YPF tuviera alguna obligación de ser cliente de *La Nación* o meramente apoyar su línea editorial para que pudiera hacer periodismo independiente. Depender para ser independiente.

El problema es la confusión entre lo público y lo privado. El Estado está obligado, si contrata publicidad, a hacerlo según un criterio de alcance del mensaje, *rating,* visitas o ventas, porque los fondos no pertenecen a los funcionarios y solo se pueden destinar a dar publicidad a los actos de Gobierno, que no es lo mismo que propaganda, por cierto. No es el caso de una empresa privada; ahí las cuestiones se confunden como hace *La Nación* por el caos jurídico y de roles que produce una economía estatizada, hasta el punto en que no se llegan a ver las diferencias. *La Nación* podría haberse planteado un conflicto propio ético que era aspirar a tener YPF como cliente y, a su vez, cuestionarla. Son objetivos que se comprometen uno al otro. El diario podría incluso haber adoptado una postura inversa y directamente no aceptar avisos de YPF para seguir informando lo que tuviera que informar. Lo cierto es que este vínculo comercial roto no es el mejor punto de partida para que los lectores del diario interpretaran lo que estaba pasando con YPF. El resultado fue que, frente a la "toma" de facto de la empresa, después no habría voces periodísticas defendiendo la cuestión central del respeto a la propiedad privada.

La dependencia de los grandes medios con la publicidad oficial también ha hecho que los funcionarios del Estado la utilizaran como un mecanismo extorsivo para controlar lo que se dijera de ellos, y los Kirchner no eran la excepción; en realidad, fueron centrales en la regla. A la larga, el envilecimiento de las relaciones entre el poder y la prensa es tal que no se sabe si esta toma y daca empieza en el Estado o en los propios medios. El kirchnerismo lo usó como mecanismo de premios y castigos llevándolo al paroxismo. ¿Pudo haber presionado a YPF para que retirara la pauta de *La Nación*? Es una hipótesis razonable teniendo en cuenta que esa era su costumbre. En todo caso sumarles a las presiones del gobierno la presión de la prensa para sacarle recursos terminó beneficiando a los Kirchner al momento de la confiscación. La visión negativa del público sobre los socios privados fue un elemento clave para llevarla a cabo y la prensa contribuyó por los motivos más pedestres.

De cualquier manera, no pretendo caer en la ingenuidad de suponer que puede haber un periodismo completamente despojado de sus propios intereses. Lo que asegura que el público esté bien informado acerca de lo que está en juego es la competencia y la apertura, además de la libertad empresaria. Los problemas se presentan cuando todo está restringido y lo único que rige es la arbitrariedad política sobre el mundo de los negocios y El estado es el principal anunciante.

Clarín presenta una narrativa aún más sorprendente. La crítica de Ricardo Roa de *Clarín*, en un artículo titulado "Los grandes negocios K que pagamos todos" (2018) apuntaba a que el problema energético se había iniciado al permitirse la descapitalización de YPF por el reparto de dividendos en un *toma y daca* entre Repsol y Kirchner. Esto es más que desconocer que las empresas tienen derecho a retirar su capital y a decidir cuándo, cómo y hasta cuándo invertir. Directamente se atribuye el déficit energético a este episodio, desconociendo las condiciones económicas creadas por el control de los precios y todo lo que pasó entre los años 2002 y 2008.

En otro artículo, también de Roa, titulado "La argentinización más cara de la historia" (2019), concluye que:

> Lo único que falta es que después de haber pagado lo que le pagamos a Repsol y de hundirnos en el pozo del desabastecimiento, encima tengamos que pagarle a Burford y a Eaton, otro fondo en la lista de espera. Y falta otra cosa, que se está investigando aquí: cómo fue el negociado de Kirchner con los Eskenazi. La argentinización salió más que cara, carísima. Se entiende, para los argentinos.

Los títulos de las notas ya están mal, y tienen por fin producir un efecto emocional en el público sin informarlo. No son los grandes *negocios K* lo que se paga en estos casos sino la indemnización por una expropiación a los dueños de la compañía. Lo chavista es pretender que no sea así. Y pretenderlo cuando *Clarín* mismo se había salvado de una confiscación viniendo de una relación de sociedad política con los Kirchner es un poco peor que chavista incluso. La indemnización correspondía porque el

Estado se quedó con la parte de Repsol en la compañía y por el incumplimiento de la obligación estatuaria respecto de los accionistas minoritarios. Ese Estado tiene los activos en su poder y tendrá el resto cuando indemnice a esos tenedores como corresponde. No tiene asidero hablar de "lo único que falta", como si el Estado fuera inocente y los damnificados no hubieran resultado despojados, sino que hubieran hecho del despojo su negocio.

La mezcla que se hizo de situaciones turbias no concatenadas adecuadamente fue nada más que para respaldar al Estado una vez más en su arbitrariedad o para congraciarse con un público envenenado de prejuicios. Un Estado con el que estos medios también estaban enfrentados, pero con el que se terminaron asociando en la elección de los chivos expiatorios. El Estado no pagó a Repsol y al resto eventualmente porque los Kirchner hubieran roto algo o se hubiesen quedado con algo en esta situación, sino porque el mismo Estado se quedó con la empresa energética más grande del país. Todavía se podría desprender de la firma para no tener que pagarla o para recuperar lo pagado, cosa que a nadie se le ocurrió siquiera plantear porque no había pensamiento pecaminoso imaginable para la ola emocional que generó toda la situación.

LAS CONDICIONES ECONÓMICAS

El ya mencionado informe de Norte y Sur refuta el esgrimido como argumento principal para la estatización que fue poner fin a la caída de la producción:

> Sin embargo, si bien la empresa es la principal dentro del sector energético local, y a pesar del aumento de la producción, especialmente durante 2014, ya no domina completamente el sector, muestra aún caídas de producción y un crecimiento del déficit comercial en materia energética. Adicionalmente, quedó claro que la petrolera requería recursos para poder invertir, parte de ellos se obtuvieron de aumentar los precios de los combustibles, que no estimulaban la inversión ni el crecimiento, lo que llevó a un crecimiento en el precio del 190% desde la estatización hasta mediados de 2015. Para el gas, por el contrario, se siguió el mismo esquema de otorgar mayores subsidios a través de

Gas Plus o Gas a USD 7,5.
(Fundación Norte y Sur, 2015)

La evolución de la cotización de las acciones de YPF en la bolsa de New York es ilustrativa de cómo se vio afectada por circunstancias generales del país y no por algún gran acierto o error de sus directivos. Al iniciar su cotización en New York, las acciones de YPF valían USD 21 en el año 1993. Llegaron a un primer pico de USD 42 en el año 1999, a pesar de una recesión ya bien instalada. Después vino la declinación de la gran crisis del 2001 y la ruptura de los contratos, descendiendo el valor hasta los USD 10. El rebote de esa situación, con todas las dificultades que presentaba el mercado intervenido y el control de precios, en el año 2005 alcanzaron un precio de USD 61. Con altibajos, los títulos de YPF siguieron una tendencia declinante hasta el 2011, cuando la cotización bajó a USD 47. Durante el 2012, las acciones de la empresa cuyo patrimonio el Estado vino a proteger de un *vaciamiento* y cuya producción a multiplicar, se desplomaron hasta los USD 10 nuevamente. En 2014, con Vaca Muerta de por medio, llegaron a valer USD 36 y, desde entonces, otra consistente tendencia declinante llevó el valor hasta los USD 14 que valían antes de la crisis de las PASO de 2019.

En estas oscilaciones, los precios del barril tuvieron poco que ver. Sus acciones tienen un valor hoy de USD 9,40; es decir, más bajo que al iniciar su cotización en el año 93, a lo que habría que descontarle la inflación norteamericana. YPF vale menos que cuando fue privatizada como consecuencia de no respetar contratos ni derechos de propiedad, y la compañía tiene hoy un precio total cercano a los USD 5000 millones que el Estado acordó finalmente pagar a Repsol por el 51% de las acciones, es decir, por la mitad (Gasalla, 2015).

Hasta enero del año 2012, cuando empezó el acoso provincial a YPF siguiendo los designios hostiles del gobierno de Cristina Kirchner, el precio de la acción de YPF seguía el del precio internacional del petróleo. En enero, además, se impusieron nuevas restricciones al giro de utilidades, lo que afectó al precio de todas las acciones argentinas. En abril se produjo la estatización. El siguiente cuadro ilustra las consecuencias que ese acto tuvo en el valor de la compañía, desfasaje que se mantiene hasta el presente.

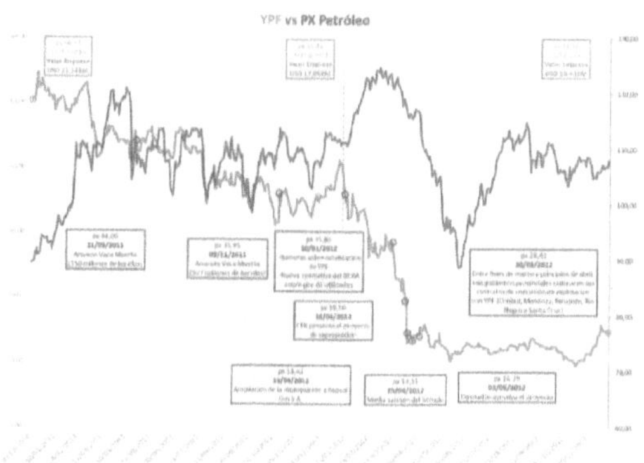

YPF: Principales Indicadores 2011- Actual

YPF SA (YPFD AR)

En Millones de USD / 12 meses fin	FY 2011 12/31/2011	FY 2012 12/31/2012	FY 2013 12/31/2013	FY 2014 12/31/2014	FY 2015 12/31/2015	FY 2016 12/31/2016	FY 2017 12/31/2017	FY 2018 12/31/2018	Actual/U12M 06/30/2019
Capitalización de mercado	15.306,6	7.919,7	17.682,1	14.613,2	6.681,2	6.414,9	8.089,0	5.232,3	4.111,2
- Efectivo y equivalentes	256,3	966,5	1.643,3	1.162,6	1.261,7	1.162,7	2.237,1	1.513,1	1.579,9
+ Preferente y otros	0,0	0,0	34,4	17,6	3,7	-6,9	12,8	83,9	103,1
+ Deuda total	2.833,3	3.479,8	4.891,5	5.824,9	8.175,3	9.719,0	10.255,9	8.889,8	9.916,8
Valor de empresa	17.881,6	10.433,0	20.966,0	19.303,2	13.698,5	14.076,9	16.929,6	12.702,8	12.551,1
Ingresos, aj	13.619,2	14.779,0	16.531,2	17.526,1	16.944,6	14.251,7	16.317,1	16.660,6	15.003,0
% Crec. YoY	27,3	19,5	34,1	57,5	10,0	34,6	20,3	72,4	-5,7
Beneficio bruto, aj	3.660,8	3.719,7	3.961,8	4.624,1	3.971,9	2.224,6	2.484,1	2.895,6	2.824,0
% Margen	26,8	25,2	23,9	26,4	23,4	15,6	16,2	17,0	18,8
EBITDA, aj	3.316,2	3.560,5	3.785,9	4.957,1	4.731,2	3.913,6	3.961,8	4.944,4	4.141,2
% Margen	24,3	24,1	22,9	28,3	27,9	27,5	25,9	29,9	27,6
Beneficio neto, aj	1.077,0	858,6	706,9	1.111,5	496,9	-357,3	482,5	1.320,3	435,7
% Margen	7,9	5,8	4,3	6,3	2,9	-2,2	3,0	8,0	2,4
BPA, aj	2,74	2,16	1,80	2,83	1,27	-0,79	1,18	3,37	1,09
% Crec. YoY	-26,6	-20,3	-17,5	57,0	-55,2	—	—	185,7	-49,8
Efectivo de operaciones	2.927,3	3.545,3	3.346,9	5.074,1	3.757,6	2.361,3	3.334,8	3.779,8	3.424,4
Gastos de capital	-2.945,2	-3.606,8	-5.076,4	-6.200,0	-6.921,0	-4.562,3	-3.612,1	-3.353,0	-3.367,8
Flujo de caja libre	-17,9	-62,6	-1.723,5	-1.125,8	-3.163,6	-2.090,9	-277,2	426,8	-35,0

Fuente: Bloomberg

La ola expropiadora recortó el valor de la compañía a la mitad. ¿Tal cosa no puede ser interpretada como vaciamiento? La explicación es tan simple como que la arbitrariedad lleva consigo pérdida de valor.

Todos los análisis coinciden en que el mercado energético es particularmente dependiente de una gran inversión de capital y que eso es aún más cierto en el caso de las explotaciones no tradicionales como el *shale oil*. Un ministro de economía puede creer que con sus políticas o sus viajes al exterior seduce a los inversores, sobre todo porque en esta materia es en la que el Estado interviene con mayor asiduidad. Pero el respeto por la propiedad privada no es una política contingente sino un basamento del derecho económico que tiene que respetarse en la letra de la ley, en la práctica política y en el desarrollo cultural de la sociedad, que es el último reaseguro. Esa falencia se aprecia a todo lo largo del desarrollo de los acontecimientos de este libro.

Sin embargo, Axel Kicillof llegó a decir aquello de que "seguridad jurídica" eran "palabras horribles" que la comunidad de negocios usaba para "hacer lo que se les cante sin pensar en el conjunto de la economía", cuando YPF era "por ADN, argentina" y que, si no lo era, al menos era "nacional" (2012). Cualquier excusa que sirviera para llevar adelante su justicia alternativa estaba bien. Sin embargo, como se ve, la intervención no tenía por fin preservar el patrimonio de YPF, sino ponerlo al servicio de los objetivos del Gobierno. La alusión al ADN muestra lo central que es la emocionalidad en la habilitación del desenfreno del poder.

¿Hacía YPF "lo que se le cantaba"? La clave de todo el asunto es que justamente no. Esto es aplicable no solo a YPF sino a todo el sector energético que, en realidad, se encontraba fuertemente regulado y no haciendo lo que quería hacer. Durante el período 2003-2015 se mantuvo el desfasaje entre los precios internacionales y los precios políticos internos. El contexto real es que el Gobierno era quién hacía lo que quería.

La diferencia entre los precios autorizados internamente, origen de la caída de oferta, y el pagado en las operaciones de importación, en el mejor de los casos puede ser entendido como una forma de esconderle a los argentinos lo que de verdad les costaba el suministro por vía impositiva e inflacionaria, a costa de pagar aún más en el futuro por atentar contra la producción; en el peor de los casos eso solo puede entenderse como corrupción.

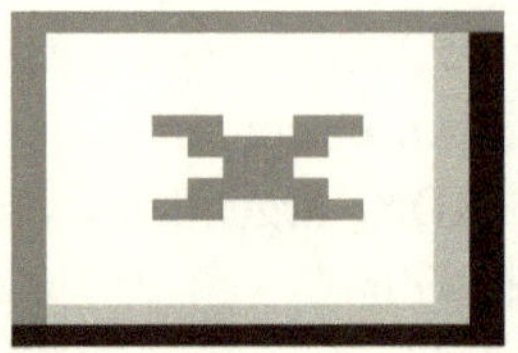

En su informe sobre el clima de negocios correspondiente al período 2014-2015 (2014), el World Economic Forum ubicó a la Argentina en el puesto 138 de un total de 144 países analizados en cuanto a respeto a los derechos de propiedad, entre otras desastrosas calificaciones relacionadas con los asuntos "horribles" de Kicillof.

Esa información, distribuida a nivel mundial por los principales periódicos junto con el atropello de la expropiación que fuera del país no es cubierta con la pátina nacionalista, significa negocios que no se hacen en la Argentina, gente que no es contratada, financiamiento que se encarece y, en general, empobrecimiento. Cuando se habla del déficit de educación en Argentina nunca se advierte la terrible incultura económico-jurídica de la población. Por eso se puede llegar a ministro, habiendo pasado por el Nacional Buenos Aires —que es considerado uno de los mejores colegios del país—, y hablar de esa manera.

Al otro día de la toma de YPF, los títulos de los principales diarios reflejaron la indiferencia general frente a los atropellos a la propiedad. Clarín titulaba "Expropian YPF y el 51% será del Estado. Lo anunció Cristina y mandó el proyecto al Senado que lo tratará desde hoy. La nación y las provincias compartirán la parte estatal expropiada a Repsol. De Vido y Kicillof asumieron como interventores. Horas antes se había impedido la entrada a la empresa de los directivos españoles". En otro título decía "Aceptan planteos de las provincias, pero el Gobierno manejará la caja" (Clarín, 2012). Nadie reparó en lo absurdo que es llamar "expropiación", que es un acto que supone una indemnización, para apoderarse de una "caja".

La tapa de La Nación rezaba: "Expropiarán el 51% de YPF y España amenaza con represalias. La presidenta intervino ayer la empresa". Según la editorial de fondo del diario, la expropiación era "una fiel demostración del fracaso de la política en materia energética de los gobiernos kirchneristas, caracterizada por una clara falta de rumbo, evidenciada en la fuerte caída de la producción de gas y petróleo y en la pérdida del autoabastecimiento" (La Nación, 2012).

Se trató la información como si hubiera estado en juego un problema de eficiencia en el manejo del sector energético, que es más que YPF, sin hacer relación o crítica alguna a la medida de intervención o a la intención de apoderarse de la tenencia accionaria de la empresa española para llevarla a cabo. Expropiar, decía *La Nación*, es el fracaso de una política energética que no ha logrado el autoabastecimiento.

Aun cuando la editorial, como Carrió, mencionaba la brecha entre los precios internos y los internacionales del combustible en boca de pozo y señalaba que eso llevaba a que la inversión se desviara hacia otras plazas, se quejaba el diario de "la política de distribución masiva de dividendos en YPF tendiente a que el grupo local Petersen, de la familia Eskenazi, que acababa de desembarcar con el apoyo del Gobierno en la compañía, pudiera pagar sin dificultades el 25% de las acciones que había adquirido. Se trató de otro factor que ayudó a reducir el nivel de inversiones y que constituyó lo contrario del riesgo empresarial".

Es notorio el cruce de explicaciones y escala de valores que hay entre este párrafo y el resto de la nota. En la medida en que el mercado regulado no remunera la inversión, esta se va, no hay mucho más que decir salvo que la confiscación solo puede agravar las cosas. Pero *La Nación* tenía sus propios conflictos y no llevaba a este argumento hasta sus conclusiones naturales, sino que igual endilgaba a los expropiados la responsabilidad y legitimaba el atropello. No es una fuga ni es un vaciamiento retirar dividendos, es una decisión empresarial racional y un derecho. Es increíble que haya que explicar que las empresas son independientes para repartir dividendos y que quien debía hacerse cargo de atentar contra las condiciones de inversión era el Gobierno. No pude encontrar una publicación que defendiera ese derecho.

Se pasó de una visión económica de los problemas de YPF a otra sustentada en una ética del inútil sacrificio del capital a los intereses nacionales que son los caprichos políticos de una u otra facción. Una economía oprimida por la regulación no necesita capital más que para consumirlo y lo expulsa. Si se entiende que "las grandes inversiones se desviaron, como no podía ser de otra manera, hacia aquellos países que reconocían precios equivalentes o cercanos a los del mercado internacional", el negocio cerrado entre Repsol y Ezkenazi debe comprenderse en ese marco, y la decisión de invertir fuera del país también. Lo que no está bien es la regulación de los precios y pensar que eso no tendrá consecuencias, o que hacerlo funcionar depende del sacrificio empresarial, o creer que el sacrificio empresarial no tendrá consecuencias nefastas sobre el objetivo, pero siempre hay un "pero" para ratificar la corriente emocional que causa todos estos problemas.

LA SITUACIÓN DEL MERCADO ENERGÉTICO QUE SE ENCUENTRA KIRCHNER

Daniel Cameron fue secretario de energía durante once años de kirchnerismo. Estuvo antes a cargo de la empresa provincial de energía de Santa Cruz mientras Néstor Kirchner fue gobernador y desempeñó otros cargos en esa misma área antes de asumir responsabilidades en el Gobierno nacional en 2003. Fue, al igual que su jefe político, un ferviente defensor de la privatización de YPF en los años de Menem. Durante la carrera presidencial del 2003 realizó una pormenorizada presentación electoral denominada "Diagnóstico y propuesta. Sector Energético. Kirchner presidente". De ahí se extraen estas cifras de inversiones durante el período 1990-2000 (en millones de dólares):

PRODUCCIÓN DE HIDROCARBUROS (*Upstream*) USD 41.500

REFINERÍAS Y ESTACIONES (*Downstream*) USD 8.500

PETROQUÍMICA USD 2.000

ELECTRICIDAD USD 16.800

TRANSPORTE DE GAS USD 1.700

DISTRIBUCIÓN DE GAS USD 7.500

TOTAL USD 78.000

En cuanto a la evolución de la producción el trabajo, indica las siguientes cifras:

PETRÓLEO (en millones de m^3): 28,80/44,80 (60%)

GAS (en miles de millones de m^3): 23,01/44,87 (95%)

ENERGÍA ELÉCTRICA (en TWh): 44,09/79,03 (79,5%)

Analiza también el impacto que tuvo la gran devaluación de los años 2001 y 2002, en primer lugar, respecto de la seguridad jurídica al pesificarse los contratos públicos y privados, alterando sus ecuaciones económicas y al establecerse retenciones a la exportación de hidrocarburos y, en segundo lugar, sobre los precios. Estimó las pérdidas de la siguiente manera (en millones de dólares):

Petróleo:

Pérdida de ingresos de productores: USD 750.000

Pérdida de ingresos de las provincias: USD 115.000

El Estado nacional vio aumentados sus ingresos: USD 395.000

Gas:

Pérdida de ingresos de productores: USD 570.000

Pérdida de ingresos de las provincias USD 137.000

Pérdida de ingresos del Estado nacional: USD 183.000

Electricidad:

Pérdida de ingresos de las generadoras: USD 813.000

Pérdida de ingresos de las provincias: USD 31.000

Pérdida de ingresos del Estado nacional: USD 170.000

Dadas las distorsiones de precios, Cameron decía:

> La producción de gas presentaba un desarrollo razonable. A partir de la pesificación de los contratos, no tiene capacidad para reponer reservas (salvo aquellas que surjan asociadas a la exploración de petróleo) ni desarrollar (movilizar) reservas, con lo cual, de no revertirse la situación actual, se encuentra comprometido el abastecimiento del invierno del año 2003 o, en su defecto, el del 2004.

> Respecto del petróleo, la producción se mantendrá si el WTI se mantiene por encima de

los 21 USD/Bll. Para precios inferiores, de mantenerse las actuales retenciones, la exploración tenderá a paralizarse. Respecto de la generación eléctrica, la situación de riesgo se presentará dentro del segundo o tercer año, a partir de la reversión de la actual recesión, ya que ingresado en una etapa expansiva, el crecimiento de la demanda en los dos o tres años oscilará entre el 6% y el 9%. (Cameron, 2003)

El informe es la prueba de que el kirchnerismo llegó al poder con plena conciencia acerca de dónde estaban los problemas, a pesar de lo cual decidió administrarlos en lugar de resolverlos. Al desastre que causó la pesificación le siguió el de esta decisión que extendió los efectos en el tiempo. La suma de esos dos problemas fue lo que se quiso tapar con la confiscación del 2012 si miramos la cuestión con la distancia necesaria. Estas dos malas políticas son tapadas por un relato de chivos expiatorios en el sector privado.

El informe refuerza la idea de que la privatización de YPF y la desregulación del mercado energético durante la década del noventa, contrariamente a lo que dice la indubitada historia emocional argentina, fue uno de los mayores aciertos en la política de privatizaciones. Ese avance quedó seriamente comprometido a partir del quiebre de la crisis del 2001. Néstor Kirchner y su posterior secretario de energía lo sabían. La historia de esta vuelta a la estatización, sin embargo, se enanca en una narrativa opuesta. La realidad que aquí se muestra no se compadece con la tesis del plan de fuga de los empresarios para obtener recursos argentinos y llevarlos afuera en esa maniobra tan extraña de estimular la cotización de las acciones de la compañía, que terminó con la estatización del 51% de la compañía para evitar la "maniobra".

Según Federico Sturzenegger, quien fue economista en jefe durante la administración de José Estenssoro —padre de la senadora— y posteriormente presidente del Banco Central en la primera etapa del gobierno de Macri, el verdadero desencadenante de la estatización fue la negativa de Sebastián Eskenazi a financiar las importaciones de gas por USD 4000 millones para ese año con dinero de la compañía, cuando las utilidades no llegaban ni a la mitad de esa cifra (Sturzenegger, 2013). El economista también recuerda la realidad sobre el pasado de gloria perdida que imaginaba Carrió:

> El período 1975-1990 había sido un verdadero desastre económico para la Argentina, y, obviamente, el manejo del sector energético no fue una excepción.

Sobre finales del gobierno de Raúl Alfonsín arreciaban los cortes de luz, que ya eran tan predecibles que se programaban, cosa que la gente pudiera organizar el uso del agua, bañarse, tomar el ascensor y otros menesteres varios para los cuales resulta útil la energía eléctrica. Gran parte del parque de generación estaba fuera de operación por falta de mantenimiento, y Yacyretá yacía inerme, erigiéndose como un gran "monumento a la corrupción", como luego diría Menem. YPF no escapaba a las generales de la ley. O bien perdía dinero o bien era utilizada como vía para conseguir endeudamiento público en el exterior (sobre todo, durante la última dictadura militar), o ambas cosas a la vez. La firma era un coto de caza para funcionarios, burócratas sindicales o contratistas del Estado. En este contexto, mantener viva la llama de un discurso nacionalista era muy beneficioso para estos grupos privilegiados que, protegidos bajo ese paraguas, no hacían otra cosa que rapiñar la empresa. Lo único cierto es que la firma se descapitalizaba a paso acelerado y en ese proceso comprometía la sustentabilidad y la soberanía energética de la Argentina. Así, los 80 fueron años de una abrupta disminución en los niveles de producción y reservas. Las reservas de petróleo habían caído el 36% en la década, mientras que solo las de gas se habían mantenido medianamente estables, con un incremento del 3%. La producción de petróleo en 1989 se ubicó por debajo de su nivel de 1980. La Argentina tuvo que llegar a la situación caótica de la hiperinflación para que la dirigencia política, tras una fuerte demanda social, impulsara una reforma de este escenario. (Sturzenegger, 2013)

La privatización y desregulación fue precisamente la vía elegida para cambiar ese escenario. Se dispuso la libre disponibilidad del recurso con precios libres, se dejó que se realizaran todo tipo de obras de infraestructura, se eliminaron las mesas de crudo que asignaban centralizadamente el producto para distintos usos con precios políticos para contener las consecuencias de la inflación; "ya no hubo más presupuestos públicos de donde buscar fondos. Ya no hubo más pedidos políticos para cargos, tareas o recursos de los cuales ocuparse". Todo esto con las consecuencias sobre la inversión y la producción que describía Cameron y Sturzenegger resume así:

> La potencia instalada de generación eléctrica pasó de 14 000 megavatios en 1992 a 23 200 a fin de 2001 (en los diez años siguientes crecería en porcentaje solo la mitad), mientras que los precios del mercado eléctrico mayorista cayeron cerca del 50%.

> Recuerdo que, en mis años en YPF, la sensación de efervescencia en el sector era absolutamente formidable. La abundancia de gas, de la cual todos los participantes de la industria teníamos certeza, implicaba una carrera contra el

tiempo con Bolivia para ver quién llegaría primero al mercado de San Pablo (YPF se movía más lento que lo que yo proponía en las reuniones de gerentes), al tiempo que se desarrollaban como lombrices las conexiones gasíferas con Chile, sediento del combustible. Se concretó la conexión con Brasil y estaba muy avanzada la planificación para una conexión con Montevideo por debajo del Río de la Plata. La Argentina tenía amplísimas reservas de gas natural y en el Noroeste aparecían yacimientos gigantes: Acambuco, Aguaragüe, Ramos, que parecían sumar excedentes todos los días... El resultado de este impulso fue que entre 1989 y 1998, no solo crecieron la producción de gas (58%) y la de petróleo (81%), sino que se incorporaban reservas a un ritmo superior al de los niveles de extracción, con lo que también aumentó el stock de reservas. Las reservas de petróleo

> crecieron el 27% y las de gas se
> mantuvieron constantes, a pesar
> del fuerte incremento de la
> producción. Una medida de ese
> éxito lo marca el hecho de que
> en ese momento nuestro país
> producía, aproximadamente, la
> misma cantidad de petróleo que
> Brasil. Hoy nuestra producción
> no alcanza al 30% de la del país
> vecino. (Sturzenegger, 2013)

Sturzenegger explicó también que la caída de la inversión llegó después de la crisis rusa, el aumento consiguiente del riesgo país y el costo de financiamiento de las empresas argentinas, echando por tierra las ventajas que YPF había conseguido de ser calificada mejor que el Estado argentino.

Con esas condiciones, cuenta, el entonces CEO de YPF Roberto Monti tomó la decisión más responsable en un contexto de producción a pérdida, que fue poner freno a la inversión que había estado por arriba de los USD 2000 millones entre 1995 y 1997, y se redujo a 1600 millones en 1998, a 670 millones en 1999 y a 832 millones en el 2000. Por esta vía se podía afrontar el endeudamiento con unos USD 400 millones por año. Nadie habló de que en esas circunstancias hubiera habido un vaciamiento, simplemente Monti se salvó de ser atacado por la ola emocional porque no le tocó.

Aquella etapa de baja de la inversión tampoco tuvo relación alguna con la privatización, que en realidad la incrementó a niveles históricos y también fue anterior a la llegada de Repsol, a la que le tocó hacer frente a la caída de la convertibilidad, la pesificación de los contratos, retenciones y fijación de precios.

El ingreso del Grupo Petersen tampoco fue la ocasión para la reducción de la inversión. Las utilidades se incrementaron por encima de las obtenidas por la gestión de Repsol hasta los USD 3200 millones gracias a la autorización de un mayor precio de los combustibles por parte del Gobierno. Así se satisfizo la aspiración oficial de aumentar la inversión desde los USD 1000 millones hasta los 2200 entre 2008 y 2011, pero dado que los costos operativos siguieron subiendo junto con el atraso de la reposición del capital, eso alcanzó para llevar la exploración desde unos 390 pozos a 440. El endeudamiento de la compañía se llevó a unos USD 2800 millones y, a su vez, el reparto de dividendos pasó de 1250 millones anuales a 1700 (Sturzenegger, 2013).

Después de la estatización, Cristina Fernández puso al frente de YPF a Miguel Galuccio, un ingeniero en petróleo graduado del ITBA que previamente también había trabajado en la compañía durante la gestión de Estenssoro. El nuevo administrador se planteó un programa de endeudamiento enfocado en la formación geológica de Vaca Muerta, con tres alternativas que iban de los USD 5000 millones a los 8500 millones, pero, cuenta Sturzenegger, no consiguió recursos para llevar a cabo ninguna de las tres, dada la credibilidad por el piso del país. A la memoria reciente internacional sobre la conducta del Estado con YPF se sumaban problemas pendientes de la deuda argentina. El resultado fue que se tuvieran que resignar a los fondos captados en el mercado local por unos USD 3000 millones y, aun así, en el año 2012 se perforaron 47 pozos menos que en el 2011. A su vez las utilidades del año 2012 fueron un 50% inferiores a las del año anterior, pero nadie vio eso como un fracaso ni como un "vaciamiento" simplemente porque la empresa ya funcionaba bajo el manto de la bandera y por lo tanto el nivel de exigencia era muy diferente. Además, debido al hecho de haber recurrido al escaso mercado financiero local, el crecimiento de la inversión en YPF iba acompañado del decrecimiento de la inversión en otras áreas de la economía que debían recurrir a las mismas fuentes para fondearse.

La producción de hidrocarburos de YPF en el año siguiente a ser tomada por el Estado creció un 1,7%, lo cual de acuerdo a los estados contables de la compañía significó una "reversión de la tendencia declinante de los años anteriores". Los ingresos acusaron un incremento del 34%, pero medidos en pesos en un período de alta inflación, que era negada por el Gobierno, y con una autorización de precios superior, nada relacionado con cambios de políticas de administración. En el año 2014, el aumento de la producción fue del 13,5%, en el 2015 se registró un incremento del 3%; luego, en el 2016, descendió un 2%, y continuó bajando un 7% en 2017 y otro 4,5% en 2018.

En el año 2011 las importaciones de petróleo ascendieron a USD 6000 millones. Después de un año de la recuperación llegaron al record histórico de 12 400 millones. Pero estos datos entran dentro del análisis técnico de la información. Suba o baje, la producción no tiene el mismo valor que los logros o frustraciones de la empresa privada que era dueña de la compañía por haberla comprado. Esa condición hacía de la *economía hidrocarburífera* un flujo económico de contratos, de intereses, de voluntades. Tampoco tiene la producción valor por sí misma, debe relacionarse con los costos y las alternativas, algo que el fetiche del autoabastecimiento no consideraría.

La ruptura autoritaria solo puede consignar los números como una contabilidad. Se puede fácilmente caer en el error de interpretarlos como "ingresos del país", como no dudo que haría la ola emocional, pero en realidad es actividad estatal de consumo de la producción mientras se atenta contra el sustento conceptual de la economía privada. Mientras tanto, lo que se imputaba como un delito de lesa patria a Repsol siguió ocurriendo de la misma manera con posterioridad, pero nadie habló de afrenta nacional o de vaciamiento, porque todo el problema es el vínculo emocional con la estatización y el desprecio a la empresa privada.

Las dificultades de la nueva administración para obtener recursos financieros obedecían a una única causa, que no era precisamente la habilidad o falta de habilidad de conducción de Galuccio, sino al rompimiento permanente de la seguridad jurídica que para Kicillof no importaba. En el mundo desarrollado se la respeta, pero no por razones de índole moral únicamente, sino para ganar dinero.

Entre aquellos que consideran que YPF debe ser un monopolio enteramente estatal que invierta recursos públicos y los que prefieren la privatización total de la compañía a la que se llegó con Repsol, están quienes prefieren la situación del presente de una empresa semipública como lo fue antes de 1999 durante la gestión de Estenssoro. Este es el caso de Macri cuando dice que prefiere el modelo de Petrobras. Sin embargo, los modelos no se eligen como los gustos del helado, se supone que debe haber una fundamentación. En este caso, la preferencia parece estar más relacionada con aceptar que esta compañía estará definitivamente asociada a los sentimientos patrióticos, más que a conveniencias reales. Lo más importante a la hora de volver a pensar en YPF es el contexto. La compañía ya había sido privatizada siguiendo unas reglas. Se había fondeado recurriendo al mercado de capitales internacionales según unas condiciones. Luego se la asaltó; el Estado se quedó con el 51% de las acciones que en un momento no quiso ni pagar y tanto el gobierno de Cristina Kirchner como el de Mauricio Macri decidieron pisotear los compromisos estatutarios con los socios minoritarios. Por eso la cuestión no es discutir *el modelo*, porque no es el caso que el Estado quiera comprarle a Repsol su mayoría accionaria, cumpliendo las obligaciones asumidas, sino que actuó de manera salvaje, por lo que al final del día no hay modelo alguno sino pura arbitrariedad ratificada. Eso es mucho peor que elegir mal un modelo.

LA IDEOLOGÍA DE LA CONSPIRACIÓN

Usualmente se asume que nacionalismo es estar a favor del país o patriotismo. Pero en realidad es una forma de entender al país, y hay otras. Para el nacionalismo que se utiliza en esta historia de YPF, esas otras formas de ver a la sociedad, a la economía y a las empresas son formas de traición. Uno de los problemas más serios que trae esta visión es limitar el progreso económico por las explicaciones conspirativas sobre lo que no es más que un negocio. Condiciona completamente las conclusiones jurídicas que se sacan. Todo se transforma en un juicio moral sobre distintos acontecimientos históricos o decisiones empresariales que no tienen que ver con actos fuera de la ley o de la ética, sino con su apartamiento de una ideología totalizadora no centrada en los hechos. Termina siendo una condena anticipada a los intereses privados.

La Revolución francesa significó mucho más que la caída de la monarquía. Implicó también una ruptura de la línea de legitimidad del gobierno respecto a cómo se la entendía hasta el momento. Hoy nos resulta fácil de asir la lógica republicana y hasta nos suena absurda la postulación del poder absoluto monárquico, la idea de aristocracia o que el Dios de la religión de la igualdad, el cristianismo, estuviera detrás del sostén del poder absoluto. Pero tales parámetros estuvieron presentes como el sentido común en Europa durante siglos. La Revolución francesa barrió con eso para inventarse otra forma de explicar y justificar al poder completamente diferente, lo que ha tenido más consecuencias históricas que el carácter sangriento y trágico de la revuelta[3].

Nuestro sentido común es precisamente lo que ha cambiado y, a la vez, hemos incorporado ideas que les resultarían igual de absurdas a las generaciones que vivieron bajo el *Ancien régime*, como el "poder popular" o la "soberanía nacional" o siquiera el poder de lo nacional en sí. Pero tales conceptos que están supuestos en gran parte de los análisis que hacemos de los asuntos políticos fueron en algún momento una irrupción. El poder popular requería a su vez de un límite acerca de lo que se entiende por pueblo, importando mucho la cuestión de la nacionalidad, y referir ese poder resultante a un territorio que ya no es el que está bajo los dominios del monarca, sin que la gente tuviera arte y parte. Ahora el territorio nacional tiene un sentido más concreto que el de los estados nacionales que siguen a la organización feudal. Lo nacional se transforma en la unión entre la revolución y el poder estatal y ocupa el lugar que lo divino ocupaba en el poder monárquico. A partir de ahí surge el nacionalismo como el culto a una entelequia, como una explicación del poder que adquiere cierta independencia de la idea de pueblo como expresión de la libertad de los ciudadanos

---

[3] Para una explicación amplia del problema, véase *Poder: los genios invisibles de la ciudad* de Guglielmo Ferrero, Tecnos. 1992.

166

que caracteriza más al proceso revolucionario norteamericano. El nacionalismo es el todo que explica al Estado, es un nuevo fin tan superior como el dios del poder monárquico. El nuevo poder popular ve nacer así su propio principio absoluto, aunque no el único. El marxismo encontrará un principio absoluto en la lucha de clases. Como alternativa, el liberalismo norteamericano-anglosajón, defenderá que no hay más absolutismo alguno.

El poder no era más personal sino impersonal, y no venía de arriba sino de abajo. El pueblo soberano es un concepto nuevo que tiene que ser acotado para delimitar al nuevo cuerpo colectivo llamado pueblo. La nación es esa perspectiva del propio Estado. Se trata de un nuevo punto de vista de la política; a la nación le sigue la mística animista que le otorga un valor en sí misma, con independencia o incluso encima de las aspiraciones de los individuos.

El Estado pasa a representar a esa entidad dotada de emocionalidad llamada "nación". La política es servidora de una entelequia y al Gobierno le toca actuar contra lo que se oponga a los "intereses nacionales" determinados por el nacionalismo más que por la nación que, bien entendida, no tiene interés propio alguno como no lo tienen el conjunto de personas que hablan español o el de los extranjeros como un todo. La política no ha creado la fantasía del conjunto de quienes hablan español o de aquellos que juegan el tenis y por eso no se forman bandos cultores de esos agregados que reclamen la legitimidad del uso del poder sobre la base de esas uniones. El nacionalismo sí lo ha hecho, y gran parte de la política está teñida de unos supuestos objetivos políticos comunes de la sociedad, sea en el comercio exterior como en la enseñanza parcial de la historia de acuerdo con unos "intereses nacionales".

El nacionalismo crea una perspectiva dogmática sobre ciertos acontecimientos que tienen mucha relación con el tema que estamos tratando, porque no se dirimen ni en el campo jurídico, ni en el económico, sino en el emocional, determinado por esa caja conceptual. No es un choque de honestos contra deshonestos, sino de visiones incompatibles. Por ejemplo, una aspiración no desentrañada suficientemente es la de la necesidad del "autoabastecimiento energético", que está presente desde que Hipólito Yrigoyen creó YPF y Marcelo T. de Alvear puso a cargo de la compañía a un militar, Enrique Mosconi, un nacionalista para quien el petróleo representaba un recurso estratégico. Para que haya una estrategia tiene que haber un juego, este juego es el del poder internacional. Autoabastecerse era no depender de los extranjeros.

Ahora bien, si miramos con atención, que el abastecimiento sea *nacional* no implica que nadie en particular dentro del país esté autoabastecido, sino que el Estado logra abastecer la demanda dentro del país como una cuenta nacional. A los efectos de los intereses de las personas se puede lograr ese abastecimiento a nivel nacional y que eso no les resulte a muchas en particular la mejor alternativa. El hecho de que la empresa funcione en base a una decisión política, basada en una emoción hacia una entelequia, hace imposible saber si el autoabastecimiento de la nación es la mejor forma de satisfacer la demanda de los argentinos. Consideraciones como estas quedan fuera de ese nacionalismo. Se constituye como una anteojera que no permite ver intereses fuera del esquema de análisis del que se parte. Esa duda queda fuera de lugar, pero no porque no sea pertinente en sí misma, sino por la ceguera de la ideología que provee de preguntas y respuestas cerradas y aparentemente obvias una vez que se la ha adoptado sin sentido crítico.

Lo mismo podría decirse respecto del incremento o disminución del nivel de inversión. Se puede ver la inversión en este "recurso estratégico" como una vaca sagrada, y su disminución podría significar una afrenta nacional. Desde el punto de vista económico, si entendemos a la economía como un sistema de intercambios en función de los intereses de los consumidores y no como una causa política común, no es un fin en sí mismo y está permanentemente en tensión con otras alternativas de producción. Invertir en una cosa implica decidir no hacerlo en otras infinitas posibles. Si hay una oferta internacional o de otras empresas dentro del país que es más eficiente o simplemente más barata, la inversión no es una buena alternativa. Cuando las condiciones contra la inversión son creadas por decisiones políticas, sería inútil contrarrestar eso con pérdida de capital mediante una obstinada inversión por consideraciones extraeconómicas, como el nacionalismo.

Con una visión nacionalista no se permite ver esto como un juego racional de intereses y una consideración sobre costos, beneficios y alternativas, sino como algo que favorece o no a la nación, sin que importe qué pasa con los individuos. Repito que alguien podría pensar que esta es la forma correcta de verlo; lo que no se puede negar es la consciencia de que se trata de una mera elección del observador y no de algo que permita interpretar que del lado del sector privado hay una intención de dañar a esa nación ni que eso signifique un perjuicio para los habitantes del país. No hay con qué sostener eso ni la amenaza con el derecho penal a los protagonistas. Es así como la historia emocional que lleva consigo esta ideología compara permanentemente el rol del sector privado en un mercado, siempre intervenido, con unas aspiraciones de grandeza colectiva que no son compatibles con las condiciones de ningún negocio. Según esta óptica, en la década de los noventa el "patrimonio nacional" fue "entregado" y por tanto el honor del país mancillado por el ingreso de la impureza privada, del afán de lucro, encima extranjero.

En la primera década del nuevo siglo, el afán de lucro sospechoso consistía en retirar capital para ganar dinero, en lugar de invertirlo y perderlo por el país. Es decir que Repsol, la compañía española que finalmente se quedó con el control, desembolsó un día USD 15 mil millones para adquirir el paquete accionario y después descubrió el verdadero negocio, que consistía en ir sacándolos de a poco. Eso solo puede imaginarse como producto de una *anteojera emocional* que lo haga realidad.

No es que el Estado haya hecho imposible la ecuación económica y hubiera esperado que las empresas tuvieran el mismo comportamiento irresponsable que se ve en las finanzas públicas, sino que pasó a pensar que, cuando se los dejaba de vigilar, los empresarios no invertían para ganar dinero con la no inversión. Si se pudiera ganar dinero con la no inversión, todos seríamos ricos fácilmente, ¿verdad? Esa fantasía es lo que se llama en esta historia "vaciamiento", confundiendo una figura penal que resguarda el patrimonio de los acreedores con un pecado absurdo de leso nacionalismo.

Se piensa que en aquella privatización se entregaron "las joyas de la abuela", que fueron recuperadas en 2012, y no que se sacó el país un lastre dejado por muchas décadas de uso político de lo que naturalmente debió ser un activo, como son las reservas petroleras, que solo recuperaron esa función una vez vendida la empresa, cuando la lógica fue la de la ganancia privada tan demonizada.

La consecuencia final de este curso de acción emocional fue la estatización en el 2012, que continúa generando reclamos de accionistas perjudicados que, a su vez, son respondidos según la emocionalidad arbitraria nacionalista, desconociendo derechos de propiedad. Tanto el gobierno de Cristina Kirchner como el de Mauricio Macri creen que es válido olvidar las restricciones que la Constitución impone para casos de expropiación y que se pueden desconocer derechos de los accionistas. No solo lo hacen los políticos sino también los diarios que repiten la historia del *vaciamiento* y la maldad empresaria, en un rango ideológico o aparentemente ideológico que va de *Página/12* a *La Nación,* y del PRO y Cambiemos al Polo Obrero.

Mencioné ya cómo dos concepciones de la organización del Estado y su relación con el sector privado pugnaron por imponer sus reglas en el negocio petrolero más que en cualquier otro ámbito de la economía local; una fue la del nacionalismo, y la otra fue la de la Constitución del 53. En la disputa entre la realidad del negocio y una ideología, hay un episodio notorio de la historia argentina que fue el de la llamada "traición de Frondizi". Arturo Frondizi, fundador tras el derrocamiento de Perón de la Unión Cívica Radical Intransigente, era un ferviente defensor del nacionalismo económico como una continuidad de la línea de Yrigoyen y Perón, y promotor de una forma de planificación centralizada limitada llamada "desarrollismo".

Perón, sobre el final de su gobierno y en contradicción con su propio discurso, había firmado un contrato con la empresa californiana Standard Oil para la explotación de los yacimientos en Argentina, lo que había sido considerado una afrenta y una "entrega del patrimonio nacional". Eso motivó que Frondizi escribiera una larga proclama en favor del monopolio estatal sobre el petróleo titulada "Petróleo y política" (1954) en la que rechazaba cualquier participación de capital de extranjero en esa área. Para Frondizi, el contrato con la Standard Oil americana era una avanzada del colonialismo. Una vez que alguien nacido en otra parte ponía su dinero en la producción de petróleo, era como si Argentina suspendiera su acta de independencia y pasara a estar bajo el comando del gobierno del país de nacimiento del inversor o los inversores, aunque fueran empresarios privados.

Sin embargo, Frondizi llegó a presidente y echó por la borda toda su declamación de principios celebrando varios contratos petroleros (entre ellos con la Banca Loeb, Pan American Oil, Tennessee, Esso, Shell y otras), que serían rechazados esta vez por los sindicatos petroleros peronistas, por esas vueltas del destino político tan propio de nuestra política.

El propio Frondizi explicó su viraje de la siguiente manera en un famoso discurso llamado "La batalla por el petróleo", porque nunca puede faltar el contexto imaginario de un gran conflicto desarrollándose, en el que proclamaba que lo hacía para alcanzar el ansiado autoabastecimiento:

En el libro sostuve la necesidad de alcanzar el autoabastecimiento de petróleo a través del monopolio estatal. Era una tesis ideal y sincera. Cuando llegué al gobierno me enfrenté a una realidad que no correspondía a esa postura teórica, por dos razones: primera, porque el Estado no tenía los recursos necesarios para explotar por sí solo nuestro petróleo: y segunda, porque la inmediata y urgente necesidad de sustituir importaciones de combustible no dejaba margen de tiempo para esperar que el Gobierno reuniera los recursos financieros y técnicos que demandaba una explotación masiva que produjera el autoabastecimiento en dos años. La opción para el ciudadano que ocupaba la presidencia era muy simple: o se aferraba a su postulación teórica de años anteriores y el petróleo seguía durmiendo bajo tierra, o se extraía el petróleo con el auxilio del capital externo para aliviar nuestra balanza de pagos y alimentar adecuadamente a nuestra industria. En una palabra, o se salvaba el prestigio intelectual del autor de *Petróleo y política* o se salvaba el país.

No vacilé en poner al país por encima del amor propio del escritor. (...) Mantuve el objetivo fundamental que era el autoabastecimiento, pero rectifiqué los medios para llegar a él. No me arrepiento (...) Al contrario, me siento plenamente satisfecho de haber tenido el valor de hacerlo y de firmar convenios que han significado el autoabastecimiento de petróleo en menos de tres años. (1954)

Si la vinculación emocional y nacional con el petróleo no sirve para explotar el petróleo y conseguir el capital necesario, ¿para qué sirve? Esa es la pregunta que todos deberían hacerse. ¿En qué se sostienen principios que no responden a la realidad de los fenómenos que pretenden gobernar y que encima llevan a perseguir gente y querer verla presa? Frondizi no parece abjurar de postulados teóricos como menciona, sino haberse encontrado con que eran falsos, pero no lo reconoce de esa manera. Así no cura al país de su mitología victimista. No es teóricamente correcto sostener que la praxis aleja de la teoría cuando, en realidad, la refuta. En el proceso de conocimiento racional no hay algo que sea "verdad en teoría y falso en la práctica". Cuando se piensa de esa manera, se está queriendo significar que una cosa son las emociones, y otra cómo las cosas son en realidad.

LOS DERECHOS DE LOS ACCIONISTAS MINORITARIOS

La intervención de YPF provocó el rompimiento del contrato de *management* y adquisición de acciones entre Repsol y el Grupo Petersen. Una de las condiciones era el préstamo a cuenta de dividendos de la primera al segundo se hizo imposible de llevar a cabo porque la estatización perseguía apoderarse de los dividendos y el gerenciamiento de la empresa pasó a estar en manos de los funcionarios. Pero como todo quedó catalogado como una maniobra K, simplemente había que olvidarse. Como consecuencia de eso, se incumplieron los préstamos y algunos de los acreedores como Inbursa e Inmobiliaria Carso, del mexicano Carlos Slim, o la propia Repsol ejecutaron las garantías sobre las acciones y las empresas españolas del grupo Petersen se presentaron en concurso en España ante el Juzgado de lo Mercantil número 3 de Madrid, a cargo del juez Antonio Pedreira.

Burford Capital es una firma global dedicada a comprar derechos litigiosos. En un convenio homologado por el juez del concurso, adquirió los derechos que como accionista minoritario tenían las concursadas de reclamar que se les ofreciera la compra de sus tenencias en las mismas condiciones en que el Estado se quedó con la mayoría YPF, porque tal obligación surge de las condiciones de emisión de los ADR, que son los títulos de empresas extranjeras que se emiten New York para acceder a ese mercado de capitales.

La emisión de los ADR iba acompañada de garantías a los adquirentes minoritarios contra las compras hostiles y una posible reestatización de la firma. ¿Por qué la Argentina había dado estas garantías? Porque era sospechosa de ser capaz de privatizar un día y estatizar otro, y hasta con los mismos protagonistas argumentando a favor de ambas cosas. Por lo tanto, para despertar interés por sus acciones y acceder al mercado de capitales más importante del mundo, esos ADR llevaban esas condiciones, especificadas en una reforma del estatuto de YPF (*amended bylaws,* 1999) registrada ante la Security Exchange Comission (SEC), que son las que se incumplieron con la estatización al hacerse sobre el 51% del capital social y dejando afuera a los accionistas minoritarios.

La sección 7(d) del estatuto prohíbe la adquisición de una cantidad de acciones que alcance al 15% del capital o más si previamente no se ofrece al resto de los accionistas la compra de sus tenencias en iguales condiciones. La misma condición se establecía en la sección 7(f) para el caso de que el Estado argentino "por cualquier medio o instrumento" adquiriera una cantidad de acciones que le permitieran el control de la empresa al quedarse con el 49% o más de las acciones, incluyendo en su caso las que ya tuviera antes de la operación; o el 8% de las acciones clase D y el 5% de las de clase A.

Luego Burford se presentó ante el juzgado del segundo distrito de esa ciudad a cargo de Loretta Preska, reemplazante de Thomas Griesa, a reclamar el incumplimiento de esa oferta por parte del Estado argentino al quedarse con el control de YPF. Los diarios y el Gobierno argentino ya a cargo de Mauricio Macri tomaron este reclamo mediante el sopor de la ola emocional nacionalista y lo consideraron una afrenta. Macri, que se había opuesto a la estatización, ahora repetía argumentos de Kicillof para supuestamente defender a la Argentina. En realidad, para evitar un pago por algo con lo que el Estado se quedó y sumarse a la destrucción institucional, que es el peor problema que el país tiene.

Su gobierno, asesorado por el procurador del tesoro Bernardo Saravia Frías y Fabián Rodríguez de Simón, cerebro jurídico de Macri y abogado de YPF, presentó en New York la reivindicación del derecho del Estado a comportarse salvajemente ejerciendo un "acto soberano", que no podía ser discutido fuera de la jurisdicción de los tribunales argentinos y que su imperio estaba por encima de los estatutos de YPF. La posición que adoptó el gobierno de Macri respecto de los accionistas minoritarios de negarles derecho a cobrar terminó siendo similar a la que adoptó Kicillof en su lamentable exposición al Congreso en la que hablaba de la falta de derecho a ser indemnizada de Repsol en función de la condena moral, emocional, nacionalista, que suponía que merecía. El nuevo gobierno de esa manera repitió la historia de desconocer la jurisdicción de la sede de la

Bolsa de Comercio de New York e invocar conceptos políticos que nada tenían que ver con las condiciones de emisión de acciones en un mercado de capitales local.

La confusión de los abogados del Estado comenzó desde el momento en que Rodríguez de Simón, abogado de YPF, se entrometió en una disputa entre accionistas. Y siguió por el hecho de creer que una expropiación no generaba obligaciones, sino que estaba santificada como acto superior de la nación. Se confundieron porque el reclamo no era por la expropiación en sí misma sino por incumplir las condiciones aseguradas a otros tenedores para casos como ese y porque pretendían aplicarles a los dueños del 49% una potestad derivada de la expropiación del otro 51%, al que la expropiación se limitó por voluntad del propio Estado. No se ahorraron exponer al mundo que la jurisdicción argentina era más manejable para el Estado y ofrecieron menos posibilidades de éxito para los socios que en algún momento fueron a buscar a New York. Era un completo despropósito la posición del Estado, pero los diarios argentinos no hicieron más que acompañarla y confundir a sus lectores según la visión épica que nacía de esa defensa. Pero la jurídica específica del caso no era la mayor confusión sino el asunto jurídico como un todo, como el tipo de supremacía de la ley bajo el que funciona el Estado argentino y la cuestión económica. Para el Estado, que tiene a su cargo los fines de la Constitución, lo relevante no era el ahorro de 3000 millones de dólares, sino respetar los derechos de propiedad y dar garantías de comportamiento para que la Argentina tuviera futuro. Lo peor que se podía hacer era ratificar la conducta anterior y hacerlo con argumentos que estaban destinados al fracaso en New York. En los tribunales argentinos todo se puede decir. El Estado argentino no tiene razón.

Nada tenía que ver el derecho a expropiar del Estado argentino, porque este lo había ejercido sobre el 51% de las acciones, es decir, se había hecho socio por la fuerza de una empresa privada y del otro 49% al que solo lo podían vincular los estatutos. No podía el Estado adquirir mayores derechos a los que tenía al poseer ya el 51% de la firma, por más que lo hiciera en nombre de su soberanía, que podría haber utilizado para expropiar todo el capital, pero no lo hizo.

Claro que el gobierno de Macri se encontraba con un problema financiero mayúsculo, teniendo en cuenta, además, la situación de las cuentas nacionales y el nivel de endeudamiento. Pero lo tenía por no haber resuelto el problema a tiempo revirtiendo la estatización y buscando un acuerdo con los accionistas minoritarios para que se quedaran en YPF y no quisieran retirarse haciendo uso de sus derechos estatutarios. Al elegir continuar el camino estatista con la búsqueda desesperada de capitales para explotar Vaca Muerta se encerró en un camino sin salida, pero por propia elección.

En julio de 2019, se sumó al mismo proceso el reclamo de otro accionista minoritario, Eton Park, por los mismos fundamentos. Eton había adquirido en el 2010 el

1,63% de YPF y su reclamo ante la jueza Preska ascendía a USD 500 millones. Repsol las había vendido para obtener capital para realizar inversiones en Libia, a la que calificaba de "territorio menos complejo". El valor de YPF en ese momento era de USD 15 300 millones y las acciones cotizaban a USD 39. En su reclamo, Eton citó a Axel Kicillof para afirmar el cumplimiento de los estatutos. El entonces viceministro había dicho que "¡los tarados son los que piensan que el Estado tiene que ser estúpido y comprar todo según la ley de la propia YPF, respetando su estatuto! Si no ¿dónde está la seguridad jurídica?" (Kicillof, 2012).

Otra ocurrencia de la defensa argentina fue cuestionar la validez del convenio entre Petersen y Repsol usando entre otros argumentos insostenibles el de la supuesta gratuidad de la transacción. Antes habían intentado esgrimir que Burford era casi un prestanombres porque detrás del reclamo estaba en realidad Petersen, a pesar de que la cesión de derechos se hizo en el marco de un concurso de acreedores en España. Pero ninguna de ambas cosas importa. En primer lugar, aunque hubiera sido gratuita la transacción, eso no la haría inválida y, si fuera nula, no lo sería en favor del Estado, sino de Repsol, que no había reclamado tal cosa. Pero de ninguna manera esa supuesta nulidad, que ni remotamente se puede discutir en una disputa sobre la ejecución de derechos derivados de títulos públicos, podría beneficiar al Estado argentino. De hecho, si todo hubiera sido una simulación, habría sido

Repsol quien hubiese estado ejerciendo esos derechos, pero el Estado habría tenido que pagar igual.

Todo eso sirvió en realidad para la victimización interna y para engañar a los argentinos con que estaban siendo humillados por una conspiración extranjera. Para las personas que viven en la Argentina, que no es lo mismo que la nación, el objetivo no es ahorrarle dinero al Estado, aun cuando son esas personas las que terminan pagando sus platos rotos. Peor que ese pago es que se acepte la arbitrariedad de las expropiaciones y que se pueda simplemente desconocer los derechos de los accionistas minoritarios después de haber expropiado a la mayoría y de haber ido a la plaza norteamericana a buscar capitales bajo esas condiciones. No le conviene al argentino porque eso aleja a la verdadera inversión que importa, que es la que se sustenta en los precios y condiciones del mercado y permite generar un flujo que hace que circule riqueza y se multiplique en el país en el que viven.

Los medios argentinos recuerdan las manifestaciones de Kicillof hablando de que la confiscación no costaría un peso y quejándose de que, por el contrario, se le dieron a Repsol USD 10 mil millones, como si este pago y no la confiscación sin indemnización fueran el problema. Para *Clarín*, por ejemplo, Brufau era aclamado en España por el final (Roa, 2018), como si no se hubiera tratado de un acto de justicia y una elemental obligación constitucional. Lo "chavista" era la indemnización que exige el artículo 17 de la Constitución. De la misma manera veía "que lo único que faltaba" era hacerse cargo también de lo que correspondía a los accionistas minoritarios que el Estado atropelló. Así formaron esta opinión pública según la cual lo malo de una expropiación inútil y que repartía culpas al revés, era pagarla. Lo sospechoso era pagarla y los sospechosos eran quienes cobraban.

Una postura al menos adulta de esa perspectiva podría llevar a la conclusión de que la compañía debía ser devuelta o vendida para no tener que pagar los activos con los que el Estado se quedó, ni los de la mayoría ni los de la minoría. Pero el objetivo parecía ser quedarse con ambas cosas, con YPF y con el dinero. Por eso hay *chavismos*, porque se piensa de esta manera.

Que gane el Estado un reclamo por una arbitrariedad puede servir para ahorrar algunos impuestos, pero el daño al crecimiento y a las perspectivas de progreso que significa comunicar al mundo que la Argentina mirará al capital extranjero como un rival sin derechos en cuanto se lo quiera apoderar, es inconmensurable. Ratificar los supuestos morales, políticos, económicos y jurídicos que llevaron a la estatización de YPF tiene un costo para las personas, no para la entelequia nacional, imposible de medir, pero mucho mayor a los millones de dólares en juego en el pleito.

El Estado, también, podría haberse librado de esas obligaciones mediante la venta de los activos de los que se apoderó y, además, dando una nueva oportunidad de reconstruir la economía del sector. Es decir, no era inevitable pagar; lo inevitable era pagar si se quería mantener la estatización de la firma.

En las instancias ocurridas hasta el momento en que estoy escribiendo esto no le han dado la razón al Gobierno argentino y presumo que seguirá siendo así, a pesar de que ningún diario argentino considera otra posibilidad que la teoría de la afrenta que daría la razón a la defensa del Estado.

LA PANACEA DE VACA MUERTA

El potencial de la formación geológica de Vaca Muerta, que es una de las promesas del despegue argentino que nunca termina de concretarse, fue descubierto por Repsol-YPF en los años en que fue gerenciada por el Grupo Petersen, algo que se ignora permanentemente en los análisis porque está en tensión con la historia emocional que requiere la grandeza estatal y la bajeza de los intereses privados.

La realidad es que el 7 de noviembre de 2011 Repsol-YPF anunció en un comunicado enviado a la Bolsa de Comercio el descubrimiento de hidrocarburos no convencionales en el área de Loma La Lata en la provincia de Neuquén, con una estimación de rendimiento de 927 millones barriles de petróleo, en un área de treinta mil kilómetros cuadrados, de los cuales YPF poseía doce mil, formación apodada "Vaca muerta" debido a su cercanía con el cerro de mismo nombre. Además, se mencionaba que había otros 502 kilómetros cuadrados con potencial para la extracción de petróleo de alta calidad.

El comunicado de prensa decía:

> Confirmamos la existencia de 927 millones de barriles equivalentes de petróleo de hidrocarburos no convencionales

en una superficie de 428 km² en el área Loma La Lata Norte, en la provincia de Neuquén, tras perforar y poner en producción 15 pozos verticales con volúmenes iniciales de entre 200 y 600 barriles diarios de *shale oil* de alta calidad que permiten tener a la fecha producciones en la zona de alrededor de 5000 barriles de petróleo equivalente diarios. Delineamos, además, una nueva área productiva de 502 km² de la formación Vaca Muerta, al poner en producción un nuevo descubrimiento en el bloque La Amarga Chica, 30 kilómetros al norte de Loma La Lata. El pozo vertical La Amarga Chica-x3 alcanza volúmenes diarios de producción de 400 barriles equivalentes de alta calidad (35° API). La nueva área abre una expectativa de grandes volúmenes para desarrollar en el futuro una vez que se realicen los estudios correspondientes y finalicen los trabajos preliminares necesarios para cuantificar los recursos. (YPF, 2011)

Ese mismo año el Departamento de Energía de los Estados Unidos evaluó rocas generadoras de *shale* en 32 países. En ese informe, se estima que las cuencas argentinas ubican al país tercero en el ranking de este tipo de recurso no tradicional, detrás de China y del propio Estados Unidos.

El gran potencial de Vaca Muerta está limitado nada más que por el aspecto institucional. Desde el vamos, el problema que arrastra Argentina con YPF es ver al petróleo como una manifestación de soberanía y no como un producto. Una de las más claras dificultades que esto presenta es que entorpece la posibilidad de financiamiento competitivo, porque el capital privado descuenta el riesgo de que la emocionalidad nacional termine provocando confiscaciones, regulaciones o pérdidas.

El informe de la Fundación Norte y Sur lo explica de esta manera:

> Uno de los problemas que surgirá en el futuro para YPF será el crecimiento mediante capitalización de la compañía manteniendo al Estado como accionista mayoritario. En efecto, para ser competitivo el negocio del petróleo requiere

grandes volúmenes de inversión,
lo que, a su vez implica grandes
compañías o mucha deuda. Esto
es un serio problema para YPF.
Siendo YPF propiedad del
Gobierno argentino, consigue
tasas de financiamiento
relativamente altas en
comparación con sus
competidoras internacionales,
debido al riesgo país. De hecho,
esta fue una de las razones por la
cual (sic) Repsol pudo comprar
YPF y no al revés, allá por 1999.
Pero, por otra parte, la ley que
estatizó YPF (26.741),
prácticamente impide que el
Estado (Nación + Provincias)
vendan el 51% de la compañía y
no queda del todo claro si eso
afecta a los derechos de acrecer
que se incluyen en el estatuto.
Por otra parte, en el actual
escenario político parece difícil
que haya suficiente consenso
político para permitir que el
Estado pierda la mayoría
accionaria de YPF. Si a ello se le
suma el déficit fiscal existente,

queda claro que hoy en día resulta difícil que YPF se capitalice vía aportes de capital.

Eso era válido en 2015 y lo sigue siendo en 2020. Todavía el consenso político parece inexpugnable y nadie lo ha desafiado. En el momento en que escribo este libro, está por verse qué línea tomará el presidente electo en octubre Alberto Fernández, pero no hay motivos para pensar que se alejará de la línea trazada por sus antecesores. El déficit fiscal es cuantioso, por más que el gobierno de Mauricio Macri quiera circunscribir todo comentario al "déficit primario", es decir, sin contar el costo del crédito que paga después de haber subido su endeudamiento en dólares de manera sustantiva. El riesgo país llegó después de las primarias que ganó Alberto Fernández a los 2600 puntos.

Todo el crédito lo absorbe el Estado y, mientras que se hizo un gran esfuerzo en estos cuatro años por normalizar las tarifas, sin haber liberado el mercado ni revertido la estatización, el contexto institucional y económico no puede ser más desfavorable a que sea el mismo Estado que hizo tantas tropelías el socio mayoritario. Y será muy difícil —aunque no imposible— de resolver en el futuro, dado que el Estado nacional al expropiar le cedió el 49% de esas acciones a los estados provinciales con yacimientos de hidrocarburos en su territorio.

Alberto Fernández adelantó en la campaña su visión general del problema de YPF en España. Dijo que "no tiene sentido tener petróleo si para extraerlo hay que dejar que las multinacionales vengan y se lo lleven". Sobre esos dichos se montó un gran revuelo. Desde el directorio de YPF, Emilio Apud tildó los dichos de Fernández de "falso nacionalismo" y se quejó de que se hicieran esas manifestaciones en el momento en que la Argentina necesita dólares (Longobardi, 2019).

Lo increíble es que el gobierno de Macri siguió exactamente la misma política que se trazó en el momento de la expropiación; solo se actualizaron las tarifas como método para atraer socios, y la llamada "falta de dólares" es debida a la gran aspiradora de ese recurso que es el déficit fiscal actual. Hizo nada más que una variación en la apertura centralizada del grifo como la que se hizo después de la *argentinización*, pero se despreocupó por completo por la seguridad jurídica. Es un gran ejemplo del delirio conceptual que se maneja en la Argentina, donde parece haber dos posiciones y en realidad hay una. Tanto que Apud critica que supuestamente el nacionalismo de Fernández no sea verdadero, cuando lo es, como lo es el nacionalismo que llevó a Macri a no volver a apostar a la empresa privada nada más que como socia del Estado y seguir viendo al petróleo como algo "nuestro", como sinónimo de estatal.

Entiéndase bien: no es que YPF no hubiera podido funcionar como una Petrobrás y se pudiera discutir si todavía había una alternativa mejor; la historia muestra que YPF se privatizó y se reestatizó y eso permanecerá en la memoria de los potenciales inversores. Esto es independiente de que se prefiera uno u otro modelo, porque es una contramarcha. El problema que no ve Fernández ni Apud ni Macri, es justamente ese: todos conciben una empresa común. Los medios de producción en manos estatales ya son una complejidad en sí misma, pero en Argentina, con el historial que tiene de politización y falso debate, siendo un país donde nadie parece pensar que haya algo que el Estado no pueda hacer contra una empresa privada, es directamente cavarse la fosa.

Precisamente Fernández, en mi opinión, lo que debería abandonar es la idea de que el país como un todo debe obtener una tajada del petróleo, en lugar de considerarlo una producción como cualquier otra que se transa en un mercado internacional, como todos los negocios que funcionan en los países que prosperan y donde la gente es feliz y puede crecer a pesar de que no se interviene todo rastro de que alguien gana dinero para obtener beneficios en nombre de una comunidad.

Sé que esto que estoy diciendo puede parecer meramente "ideológico", porque las políticas se las juzga desde la emoción y, por lo tanto, toda opinión es otra más, válida en el terreno completamente arbitrario de los gustos. Pero la historia de YPF no puede ser más ejemplo de que hay algo más que los gustos, y es el hecho de que respetar la seguridad jurídica tiene unas consecuencias objetivas, que pensar que las multinacionales no son tan buenas como las empresas nacionales tiene otras consecuencias en la expectativa de incorporación de capital y por tanto en el costo de producción, que la intromisión estatal afecta la tasa de interés del capital prestado y que las regulaciones que pretenden inspirarse en un fin de benevolencia con el consumidor redundan en costos que a veces llevan al fracaso de las empresas, de todo un sector productivo o de todo el país, de su economía; y es ahí cuando llega la ola emocional a buscar chivos expiatorios, lo cual siempre paga el consumidor. Se trata de reglas que el mundo conoce y con las que la Argentina no quiere vivir; ni siquiera quiere pensar en ellas.

En ese sentido, el presidente electo Alberto Fernández se equivoca, pero no más que el gobierno que lo precedió y, en realidad, tenemos que esperar a ver qué implica esa definición, porque de esa misma forma es como se vienen manejando las cosas hasta ahora. No hay nada especial en la manifestación de Alberto Fernández porque el Estado mantiene el 51% de las acciones expropiadas, lo cual significa que en el sistema jurídico argentino se parte de la base de que de nada sirve el petróleo si el Estado no puede meter la cuchara. En realidad, deberíamos pensar de qué sirven el petróleo y el propio Estado si la gente no puede meter la cuchara.

Es así que todo el esfuerzo hecho para reducir los subsidios energéticos, comprendiendo gas, petróleo y electricidad, queda malogrado porque se traduce en alto costo financiero para la aventura productiva que es lo que importa. Termina siendo un dilema inventado y no resuelto. El nivel de subsidios en el sector sique siendo alto, en torno al 1% del PBI, que es el nivel que tenían en el año 2008 cuando ya se notaban las consecuencias de la extensión de los congelamientos de precios en la producción y toda esta historia comienza a desatarse, a pesar de que se consiguieron bajar desde el pico de 3,5% del PBI de 2014, y para el consumidor en una economía recesiva parecen impagables. En ese año, los once mil millones de dólares utilizados para importar gas equivalieron al 55% de lo ingresado por la exportación de soja (Fundación Norte y Sur, 2015).

El error es no ir a la raíz del problema. Empresas privadas, que trabajen según sus números y ponderando costos, oferta y demanda, que no sean entorpecidas en sus negocios por objetivos nacionales o sueños de una noche de verano, necesitan financiarse en un mercado donde el Estado no absorba todos los recursos para poder aumentar la producción y ofrecer precios que el mercado pague, vendiendo un volumen óptimo. En ese contexto, todas las empresas generan salarios mejores. Es un sistema económico-jurídico el que debe recomponerse; los parches tienen patas cortas como las tuvo la política de mera adecuación parcial de tarifas hechas después de la debacle de la política energética del kirchnerismo.

Pero, en general, esto se piensa al revés. Se considera que el hecho de que la empresa privada busque rentabilidad en lugar de la bandera es un obstáculo para la gloria de la patria. Lo que ocurre es que la empresa privada, y cada una de las personas que colaboran en la producción, distribución y hasta en el consumo, piensan en la rentabilidad y por eso cuidan los costos, que no pasen del nivel en el que disminuyan sus ingresos. Eso redunda en la sustentabilidad de todo el proceso y en su evolución hacia mayores niveles de producción a precios más accesibles, con mayor bienestar en general. Ningún beneficio social hay en obsesionarse con la rentabilidad privada porque ese es en realidad el secreto de por qué las empresas consiguen con creces lo que los pretendidos patriotas arruinan con su linda épica. Estos últimos actúan bajo conceptos de rentabilidad diferentes; no es que aporten puro altruismo a la cuestión. Evalúan cuánta autoestima, votos o adhesiones les proporcionan sus políticas y los costos los pagan otros: los productores y los consumidores. No hacen cuentas, sino que maximizan proclamas como si eso fuera gratuito, porque no tiene costo para ellos. Por eso, ¿qué le puede importar la seguridad jurídica a Axel Kicillof?

Es importante entender lo determinante que es estar ajustado a los precios internacionales. Esto es así porque ni Argentina ni Vaca Muerta son los únicos destinos posibles para la inversión en hidrocarburos, y el capital busca una rentabilidad comparativa. Ningún recurso es una panacea sin capital. Misma razón de por qué Repsol quería sus dividendos para llevarlos a otra parte.

Un componente de la rentabilidad es el riesgo asociado a la inversión. No es lo mismo invertir en un país con una conducta previsible que en la Argentina, de manera que lo primero que se paga es haber violado sistemáticamente las reglas de juego. En un mundo donde abunda la información económica, la combinación de precios libres, seguridad jurídica y estabilidad política son indispensables para desarrollar cualquier negocio a gran escala y sobre todo si requieren tiempo para madurar, caso de los hidrocarburos.

Respecto del gas, mientras se le pagaba al productor local entre 7 y 3,33 dólares por millón de BTU, se importaba de Bolivia a unos 10 dólares y en forma líquida, transportado en barcos, a un precio de 16 dólares el millón de BTU. ¿Qué conspiración para la patria hay que buscar después en el hecho de que conviniera más venderle el gas a la Argentina desde otro país, que invirtiendo en los yacimientos locales?

Los hidrocarburos, además de ser objeto de consumo doméstico, son un insumo indispensable para cualquier otra actividad productiva, sea como combustible o electricidad. Si el mercado debe pagar impuestos para mantener subsidios en lugar de por el consumo de energía, eso lleva a desfasar producción y consumo. Politizar este mercado, por lo tanto, es un obstáculo para toda una economía que necesita estar bien abastecida.

UN *DEFAULT* EMOCIONAL

YPF fue creada en el año 1922 por Hipólito Yrigoyen. Y, luego de que se agotara el estatismo argentino con la hiperinflación de Raúl Alfonsín durante la década del 80, comenzó su proceso de privatización en 1992, el cual culminó en su completa privatización en 1999.

A solo siete años de aquella pseudoepopeya de la reestatización, los argentinos siguen atados a una explicación oportunista de los acontecimientos, pero la óptica que la viabiliza viene de larga data, como un recurso al que los gobiernos apelan para llevar adelante sus maquinaciones en nombre de la nación mancillada.

Por eso creo que más que revisar el caso en sí de YPF y la última travesura terrible de la política argentina respecto del mundo empresario, es importante repasar los supuestos que llevan a confundir una conveniencia con un crimen. Es lo que me propuse mostrar. Quedará a juicio del lector si vale la pena descorrer el velo de la emocionalidad políticamente condicionada y entender a la Argentina del modo que me parece más realista. Lo que vimos a través de estos acontecimientos y las razones que se dieron y se debatieron en el ámbito parlamentario y periodístico es la pugna entre dos mundos: por un lado, el de la lógica jurídica de los contratos y la actividad económica, y, por el otro, la visión emocional de la identidad nacional según la cual casi todo lo que pertenece al primer universo es sospechoso de traición a la patria. Pese a algunos respiros, la historia argentina del silgo XX y lo que va del siglo XXI es la de la apabullante imposición de los valores de ese segundo universo.

Lo que está fuera de discusión, se elija uno u otro camino, es que el método emocional destruye la posibilidad de tener un estado de derecho. Se recuerda la declaración del *default* de la deuda pública por parte de Adolfo Rodríguez Saá con el aplauso de la Asamblea Legislativa. La estatización de YPF no se queda muy atrás en los anales del delirio nacionalista y ha sido un error de los más grandes que en nombre de principios invocados de manera liviana han hecho contra su futuro los argentinos. El observador externo podría entender, examinando lo ocurrido, cómo es que ese país, que es el mío, se condena permanentemente a la posición de paria del mundo mientras añora épocas de gloria del pasado. Lo más profundo que le pasa a la Argentina es su incapacidad de ser justa, su enamoramiento de una épica caprichosa cuyas principales víctimas son los hombres de negocios que resulta que, además, son quienes de verdad mantienen al mundo girando, los que pagan los sueldos, los que producen innovación, incluso los que inventan cómo sobrevivir a la regulación.

Ya esto que acabo de decir choca con el sentimiento argentino hacia los empresarios, los cuales inmediatamente son asociados a unos pocos de ellos que logran privilegios o tratos especiales de los gobiernos o que directamente hacen lo necesario para quedar a resguardo de la arbitrariedad estatal que nunca será puesta en la picota. El empresario queda así envuelto en ese estigma de buscar el favor oficial, pero nunca se examina que eso es precisamente lo lógico a hacer en un país donde el Gobierno tiene la potestad de favorecer a unos y perjudicar a otros porque así lo manda la épica más popular. No se quiere ver que esos comportamientos no son más que la consecuencia natural del resentimiento contra los que se supone que "solo piensan en el dinero" en lugar de hacerlo en la felicidad popular representada por los políticos. La lógica de "combatiendo al capital".

A los que creen que todo está explicado en la venalidad de esos empresarios les podríamos aplicar los versos de sor Juana Inés de la Cruz reemplazando a "mujer" por "empresa":

Hombres necios que acusáis

a la mujer sin razón,

sin ver que sois la ocasión

de lo mismo que culpáis.

Si con ansia sin igual

solicitáis su desdén,

¿por qué queréis que obren bien

si las incitáis al mal?

ALGUNAS CONSIDERACIONES *POST SCRIPTUM*

Pasó poco tiempo desde que terminé el primer borrador de este libro y los cambios en la Argentina son dramáticos. Alberto Fernández lleva en el gobierno apenas ocho meses, de los cuales la mayoría transcurrieron en pandemia y cuarentena. Los precios del petróleo se derrumbaron y, por lo tanto, la viabilidad de la panacea de Vaca Muerta se ve postergada. Circunstancias todas que hacen más necesario que nunca volver a pensar en atraer capital para toda la economía con la fórmula básica de la seguridad jurídica.

Aún antes de que se desatara la crisis del Covid-19 el nuevo gobierno no mostró señales de querer cambiar el destino de YPF, que hoy es más deuda que activos. El actual titular de la firma Sergio Affronti, otro experto, ha reconocido que "la compañía está en una situación crítica desde el punto de vista financiero y operativo" (iProfesional, 2020). No habrá una investigación sobre un "vaciamiento" que haya causado eso desde que se estatizó porque, como he repetido muchas veces, el paradigma parece inconmovible. El fracaso estatal es épico, el éxito privado es sospechoso.

En la misma nota cierra ese discurso ratificando esa perspectiva irreductible al decir respecto de la reestatización que fue "una decisión importante y trascendente, al integrar un equipo que llegó a transformar la compañía" que, como vemos, es completamente independiente de los resultados. Se suponía que el Estado iba a rescatarla.

La burbuja de precios internos para el petróleo sigue en pie, pero ahora como precio sostén ante el derrumbe en abril hasta los 17 dólares el barril. El nombre con el que el ministro de Desarrollo Productivo Matías Kulfas bautizó al precio controlado es "barril criollo".

Bibliografía

Carrió, E. M. (2012). *Ampliación de la denuncia ante el Juez Lijo.* 13 de abril.

Clarín. (24 de abril de 2014). *Clarin.com.* Obtenido de https://www.clarin.com/politica/kirchnerismo-logro-convertir-acuerdo-repsolypf_0_H1MP9hp9DQe.html

Deloitte. (24 de abril de 2012). *Expansión.* Obtenido de https://expansion.mx/economia/2012/04/24/repsol-subraya-su-inversion-en-argentina

Eco Medios. (9 de abril de 2019). *EcoMedios.* Obtenido de http://ecomedios.com/index.php/actualidad/2019/04/04/maria-eugenia-estenssoro-los-eskenazi-vaciaron-ypf-y-ahora-demandaron-al-estado/

El Cronista. (18 de abril de 2012). *Elcronista.com.* Obtenido de https://www.cronista.com/economiapolitica/Para-Macri-la-expropiacion-de-YPF-nos-endeuda-y-nosaleja-del-mundo-20120418-0072.html

El Cronista. (1 de junio de 2016). *Elcronista.com.* Obtenido de https://www.cronista.com/economiapolitica/Carrio-cuestiono-a-Prat-Gay-por-haber-pedido-disculpas-aempresarios-espanoles-por-la-estatizacion-de-YPF-20160601-0111.html

El Cronista. (5 de abril de 2018). *Elcronista.com.*
Obtenido de
https://www.cronista.com/economiapolitica/Macri
-fue-un-error-muy-grande-haber-confiscado-
yexpropiado-YPF-20180405-0071.html

Elisacarrio.org. (2012). *Elisacarrio.org.* Obtenido de
http://elisacarrio.org/Elisa/docs/2013/presentacion
es/2012-
ElisaCarrioDictamenYPF.php?fbclid=IwAR0tpIeq
nfigUdxpAWIiUaoMUyDRo_VscTRXrnNTMrzL
udJM7wVTzkMyVX0

Espert, J. L. (2019). *La sociedad cómplice.* Buenos Aires,
Argentina: Sudamericana.

Estenssoro, M. E. (27 de febrero de 2012). *Lanacion.com.*
Obtenido de
https://www.lanacion.com.ar/economia/el-
vaciamiento-de-ypf-una-politica-de-estado-
nid1451946

Estenssoro, M. E. (25 de abril de 2012). *Lanacion.com.*
Obtenido de
https://www.lanacion.com.ar/opinion/carta-a-
cristina-kirchner-por-ypf-nid1467885

Estenssoro, M. E. (3 de abril de 2019). *Lanacion.com.*
Obtenido de
https://www.lanacion.com.ar/politica/las-cartas-
exponen-saqueo-ypf-nid2233356

Financial Times. (s.f.). YPF: poor Repsol, poor Argentina. Londres, Reino Unido.

Frondizi, A. (1954). *Petroleo y Política. Contribución al estudio de la historia económica argentina y las relaciones entre el imperialismo y la vida política nacional.* Buenos Aires, Argentina: Raigal.

Gasalla, J. (29 de septiembre de 2015). *Infobae.* Obtenido de https://www.infobae.com/2015/09/29/1758809-ypf-vale-menos-que-lo-que-el-gobierno-pago-repsol-lamitad-la-empresa/

General Coordination to the Board of Directors. (14 de octubre de 1999). *U.S. Security and exchange comission.* Obtenido de https://www.sec.gov/Archives/edgar/data/904851/000119312506147059/dex12.htm

Kicillof, A. (23 de abril de 2012). *Télam.* Obtenido de https://www.youtube.com/watch?v=nDfPMrY_FaY

La Nación. (17 de abril de 2012). *Lanacion.com.* Obtenido de https://www.lanacion.com.ar/editoriales/ypf-la-confesionde-un-fracaso-nid1465558

Longobardi, M. (6 de septiembre de 2019). *Marcelo Longobardi.* Obtenido de https://marcelolongobardi.cienradios.com/director-de-ypf-los-dichos-de-fernandez-son-

irresponsables-en-un-momento-donde-se-
necesitan-dolares/

Maharg-Bravo, F. (5 de julio de 2009). *El País*. Obtenido
de
https://elpais.com/diario/2009/07/05/negocio/1246
799670_850215.html

Noceda, M. Á. (12 de diciembre de 2007). Repsol cierra la
venta del 25% de su filial YPF a la familia
Eskenazi. *El País*.

Redacción EES. (7 de mayo de 2015). *El extremo sur de la
Patagonia*. Obtenido de
https://www.elextremosur.com/nota/callejas-ypf-
lleva-tres-anos-de-vaciamiento/

Roa, R. (18 de julio de 2018). *Clarin.com*. Obtenido de
https://www.clarin.com/opinion/grandes-negocios-
pagamos_0_S1zbxP6QQ.html

Roa, R. (18 de julio de 2018). *Clarin.com*. Obtenido de
https://www.clarin.com/opinion/grandes-negocios-
pagamos_0_S1zbxP6QQ.html

Roa, R. (22 de abril de 2019). *Clarin.com*. Obtenido de
https://www.clarin.com/opinion/argentinizacion-
cara-historia_0_LBse-EOjH.html

SEC.report. (22 de mayo de 2008). *SEC.report*. Obtenido
de https://sec.report/Document/0000903423-08-
000451/

Smith, A. (1776). *La riqueza de las naciones*. Madrid, España: Alianza editorial.

Sturzenegger, F. (2013). *Yo no me quiero ir. Claves y razones para apostar por la Argentina*. Buenos Aires, Argentina: Planeta.

Télam. (1 de junio de 2012). *Télam*. Obtenido de https://www.youtube.com/watch?v=Ern_HhOK30 w

The global and competetitiveness and benchmarking network. (2014). *World Economic Forum*. Obtenido de http://www3.weforum.org/docs/WEF_GlobalCom petitivenessReport_2014-15.pdf

YPF. (18 de octubre de 2009). Obtenido de https://www.infobae.com/2009/10/18/478565-solicitada-ypf/

YPF. (7 de noviembre de 2011). *YPF*. Obtenido de https://www.ypf.com/YPFHoy/YPFSalaPrensa/Pa ginas/Noticias/Descubrimiento-LLL-7-noviembre-2011.aspx